服务“三农”系列丛书

家庭农场DIY

主　编　吴永林
副主编　刘瑞峰　陈紫帅　解金辉
丁　丽　杨　鑫

河南大学出版社
中国·郑州

图书在版编目(CIP)数据

家庭农场DIY/吴永林主编. —郑州:河南大学出版社,2015.5
ISBN 978-7-5649-1991-7

Ⅰ.①家… Ⅱ.①吴… Ⅲ.①家庭农场—农场管理 Ⅳ.①F324.1

中国版本图书馆CIP数据核字(2015)第114901号

责任编辑 田丽贞
责任校对 刘少广
封面设计 马 龙

出 版 河南大学出版社
地址:郑州市郑东新区商务外环中华大厦2401号 邮编:450046
电话:0371—22825012 网址:www.hupress.com
排 版 郑州市今日文教印制有限公司
印 刷 新乡市凤泉印务有限公司
版 次 2015年12月第1版 **印 次** 2015年12月第1次印刷
开 本 787mm×1092mm 1/16 **印 张** 9
字 数 186千字 **定 价** 20.00元

总　　序

“三农”问题，即农业、农村和农民问题，始终是中国革命、建设和改革的根本问题。中国自古就是一个农业大国，而对于现代中国，着力解决新时期“三农”问题，对于全面建设小康社会，建设社会主义和谐社会，基本实现现代化具有极端的重要性，这是由中国的基本国情决定的。

党的十八届三中全会对全面深化农村改革做出了全面部署，十八大报告中特别强调要解决好农业、农村、农民问题，这是全党工作的重中之重。可见，国家对农业的重视提升到了发展的第一位置。

为了积极贯彻落实党中央和国务院的重大战略部署，河南农业大学依据河南省农业大省的区位优势，积极发挥本校农产品研发的学术优势，本着“强农、惠农、富农”的宗旨，由地方合作处牵头，组织编写了这套服务“三农”的科技推广丛书，积极开展科技支农、普法惠农，重视传统文化在农村地区的传播，积极推进社会主义新型城镇化建设。该套丛书无论从内容上，还是从思想上，都契合了党中央、国务院组织实施的一项重大文化惠民工程——“农家书屋”工程。这对于缩小城乡差别、巩固农村思想文化阵地、帮助农民科技致富、建设社会主义新农村有着重要的意义。

“农家书屋”工程建设作为一项面向农村、面向基层的文化建设工程，通过在农村建立农民读书组织，推动农民读书、用书，学习科学文化知识，活跃和丰富农村文化生活，改善农村文化环境，提高农民整体素质和农村文明程度，促进农村经济协调发展，对于实现农民富、农村强、农村美具有重要的现实意义。“农家书屋”工程作为一项文化惠民工程，自 2007 年在全国推广以来，已初步解决了近 8 亿农民群众的读书难、看报难问题，丰富了农民群众的精神文化生活，保障了广大农民共享公共文化服务的基本权利，已成为促进农民致富增收、改变自身命运、建设美丽乡村、实现平民梦想的希望工程。

在国民经济不断发展、农村改革深入推进的背景下，大众创新、万众创业、互联网＋农业等新兴概念已成为从中央到地方的热点名词，这使得农业的发展面临着新的形势和机遇，农村社会面貌即将发生新的变化和提升。农民对知识文化的需求也会相应地提出更高要求，尤其是种田大户、家庭农场、农民专业合作社、农业企业等新型农业经营主体中从事适度规模经营管理的职业农民、农业技术员、农场管理人员，更是迫切需要一套适应新形势的、可供系统学习的参考书籍，服务“三农”系列丛书就是在这样的背景下编写的。

服务“三农”系列丛书从农业生产实际出发，就农民最关心、最需要、最现实的农业科技知识进行解读，以期通过该套丛书能够在构建农村公共文化服务体系、保障群众基本文化权益、满足群众精神文化需求方面发挥重要的作用，为推动农村公共文化事业又好又快地发展、建设社会主义新农村作出应有的贡献！

张光辉
2015 年 1 月

目　录

第一章 走进家庭农场

一、认识家庭农场

1. 家庭农场的产生

2008年，党的十七届三中全会在《中共中央关于推进农村改革发展若干重大问题的决定》中首次提出了“家庭农场”的概念，指出：“有条件的地方可以发展专业大户、家庭农场、农民专业合作社等规模经营主体。”2009年，“家庭农场”首次进入中央“一号”文件。2013年，中央“一号”文件中，“家庭农场”被当做四种新型生产经营主体之一，与专业大户、农民合作社、农业企业并列出现。

2014年2月出台的《农业部关于促进家庭农场发展的指导意见》，从工作指导、土地流转、落实支农惠农政策、强化社会化服务、人才支撑等方面提出了促进家庭农场发展的具体扶持措施。从制度上看，家庭农场既是作为对家庭承包责任制这种基本经营制度的完善，又是对整个家庭承包责任制的一种制度创新。

据农业部调查，截至2012年年底，全国共有符合统计标准的家庭农场87.7万个，经营耕地面积1.76亿亩，平均经营规模200.2亩，其中，从事种养业的家庭农场达到86.1万个，占家庭农场总数的98.2%。据不完全统计，目前全国已有9个省、55个市（县、区）出台了扶持家庭农场发展的文件，并明确了具体扶持措施。

2. 家庭农场的含义及特点

2013年，中共中央“一号”文件进一步把家庭农场明确为新型农业经营主体的重要形式，鼓励和支持土地流转、加大奖励和培训力度等措施，扶持家庭农场发展。农业部则对家庭农场的内涵作了界定:“家庭农场是指以家庭成员为主要劳动力,从事农业规模化、集约化、商品化生产经营,并以农业作为主要收入来源的新型农业经营主体。”在这样的背景下,我国的家庭农场大致应有4个基本特征。

(1)以家庭为生产经营单位

家庭农场的兴办者是农民,是家庭。相对于专业大户、合作社和龙头企业等其他新型农业经营主体,家庭农场最鲜明的特征是以家庭成员为主要劳动力,以家庭为基本核算单位。家庭农场在要素投入、生产作业、产品销售、成本核算、收益分配等环节,都以家庭为基本单位,继承和体现了家庭经营产权清晰、目标一致、决策迅速、劳动监督成本低等诸多优势。家庭成员劳动力可以是户籍意义上的核心家庭成员,也可以是有血缘或姻缘关系的大家庭成员。家庭农场不排斥雇工,但雇工一般不超过家庭务农劳动力数量,主要为农忙时临时性雇工。

(2)以农为主业

家庭农场以提供商品性农产品为目的开展专业化生产,这使其区别于自给自足、小而全的农户和从事非农产业为主的兼业农户。家庭农场的专业化生产程度和农产品商品率较高,主要从事种植业、养殖业生产,实行一业为主或种养结合的农业生产模式,满足市场需求、获得市场认可是其生存和发展的基础。家庭成员可能会在农闲时外出打工,但其主要劳动场所在农场,以农业生产经营为主要收入来源,是新时期职业农民的主要构成部分。

(3)以集约生产为手段

家庭农场经营者具有一定的资本投入能力、农业技能和管理水平,能够采用先进技术和装备,经营活动有比较完整的财务收支记录。这种集约化生产和经营水平的提升,使得家庭农场能够取得较高的土地产出率、资源利用率和劳动生产率,对其他农户开展农业生产起到示范带动作用。

(4)以适度规模经营为基础

家庭农场的种植或养殖经营必须达到一定规模,这是区别于传统小农户的重要标志。结合我国农业资源禀赋和发展实际,家庭农场经营的规模并非越大越好。其适度性主要体现在经营规模与家庭成员的劳动能力相匹配,确保既充分发挥全体成员的潜力,又避免因雇工过多而降低劳动效率;经营规模与能取得相对体面的收入相匹配,即家庭农场人均收入达到甚至超过当地城镇居民的人均收入水平。

3. 家庭农场的功能定位

与一般农户不同,作为新型农业经营主体的家庭农场主要以相对较大的规模存在和发展,它代表着未来中国农业发展的方向。家庭农场的功能定位主要反映在两个方面。其一,家庭农场是现代农业建设的引领者。家庭农场具有较高的经营效率和技术先进性。与一般农户相比,家庭农场以农地经营作为收入的主要来源,更重视投入产出效果,更注重成本核算,为提高家庭收入水平也更重视先进技术的使用。家庭农场具有高于一般农户的收入能力,因而也具备较强的投入能力,从而具备较大的应用先进技术和生产手段的可能性。其二,家庭农场是未来中国农业经营的基本主体。家庭农场与农户总量相比,由于数量有限,它在现阶段还不能成为农业生产的基本主体,而是具有潜在发展前景的重要主体。从发展预期看,家庭农场的成长不是一个"骤变"的过程,而是一个"渐变"的过程。在一个较长的时期内,中国农业的基本经营主体仍是数以亿计的广大农户。在现实中,一些地方存在人为加快家庭农场成长的倾向,试图在较短的时期内大规模推动土地流转,进而实现农地向少数农户集中。显然,这种倾向会产生一系列的负面后果。我们必须看到,家庭农场的成长是一个历史的进程。第一,中国人口众多的现实决定了不可能在短期内消化数以亿计的农村剩余人口。家庭农场的成长以农地的流转和集中为条件,而农地流转的规模取决于工业化和城镇化能给农村剩余劳动力提供多少就业岗位,能提供多大的转移空间。第二,对家庭农场成长的评价绝不能仅仅用效率标准,还要考虑公平尺度,在一定意义上讲,公平尺度高于效率尺度。对现代化的一个重要价值判断在于经济发展之后所有人的生活境况要比过去改善而不是恶化。如果仅仅追求效率,一部分农民可能会失去土地经营权,进而收入水平下降。

二、家庭农场与其他新型农业经营主体的比较

1. 其他新型农业经营主体介绍

(1) 农民专业合作社

农民专业合作社是指在农村家庭承包经营基础上,同类农产品的生产经

营者或者同类农业生产经营服务的提供者、利用者，自愿联合、民主管理的互助性经济组织。自愿、自治和民主管理是农民合作社制度最基本的特征。具体而言是指：在组织构成上，合作社以农民作为经济主体，主要由进行同类农产品生产、销售等环节的公民、企业、事业单位联合而成，农民至少占成员总人数的80%，从而构建了新的组织形式；在所有制结构上，合作社在不改变家庭承包经营的基础上，实现了劳动和资本的联合，从而形成了新的所有制结构；在收益分配上，合作社对内部成员不以盈利为目的，将利润返还给成员，从而形成了新的收益分配制度；在管理机制上，合作社实行入社自愿、退社自由、民主选举、民主决策等原则，建构了新的经营管理体制。

农民专业合作社提高了农民组织化程度，提高了农民在市场竞争中的谈判能力，扭转了一家一户分散经营的不利局面，有利于实现农业的规模化经营、标准化生产、企业化管理、社会化服务。

（2）农业产业化龙头企业

农业产业化龙头企业（以下简称“龙头企业”）是指以农产品加工或流通为主，通过各种利益联结机制与农户相联系，带动农户进入市场，使农产品生产、加工、销售有机结合、相互促进，在规模和经营指标上达到规定标准，并经政府有关部门认定的企业。龙头企业是农业产业化经营的主体，是农民走向市场的依托，在农业产业化经营中起着核心和支撑作用，是其他农业经营主体顺利走向市场的带头人。

（3）专业大户

专业大户围绕某一种农产品从事专业化生产，从种养规模来看明显大于传统农户或一般农户，因此，专业大户经常需要雇用家庭成员外的劳动力从事农业生产，由于没有明确的概念和严格的界定，有时也将专业大户称为种养大户。条件成熟后，种养大户都将逐渐向家庭农场的组织形态过渡。

2. 家庭农场与其他经营主体的比较

（1）区别

从农业经营方式看，家庭农场和专业大户是有很大区别的。家庭农场一般都是独立的农业法人，土地经营规模适度，土地承包关系稳定，生产集约化、农产品商品化和经营管理水平较高，但主要以家庭成员为主要劳动力从事生产经营，不存在常年雇工经营。

专业大户涵盖的经营者身份比较宽泛，可以是农民，也可以是其他身份，而家庭农场经营者的身份较为清晰，即为农民家庭成员；专业大户涵盖运销大户、农机大户等，而家庭农场生产经营领域较为明确，即为种养业；专业大户对雇工多少没有限制，有的大户自己不种地，生产过程依靠雇工，而家庭农场则以家庭成员为主，雇工为辅；专业大户主要从事某一行业、某一环节的专业经营，而家庭农场更多实行农业综合经营，种养结合。因此，在一些劳动力转移程度较高，二、三产业发达的地方，可以考虑更多地把发展家庭农场作为主要方向。

家庭农场是以单户家庭为单位形成的新型农业经营主体。专业合作社是以多个农户自愿联合并实行民主管理的新型农业经营主体，多个家庭农场可以在发起人的组织下，以产业为纽带，形成农民合作社。农业龙头企业属于法人企业，追求利润是其本质特征，而专业合作社具有双重性质，对内部社员是以服务为目的，对外是以盈利为目的。对承包农户而言，家庭农场从中孕育而生并发展壮大，是从事专业化、规模化生产的承包农户，对其他农户在种植技术、产品营销等方面有示范带动作用。对合作社而言，家庭农场对开展联合与合作具有旺盛的需求，常常是农民合作社的领办者或核心成员。对农业产业化龙头企业而言，家庭农场是其规模较大、较为稳定的原料供应者，更容易与其建立长期、密切的利益连接机制。对各类农业社会化服务组织而言，家庭农场由于从事专业生产，是重要的服务对象，当然，一些拥有农机具、农业技术、销售渠道的家庭农场，也可以同时扮演服务提供者的角色。

(2) 联系

① 家庭农场是农业专业大户的升级版

同样作为农业规模生产经营主体，家庭农场与农业专业大户之间，既有联系，又有区别。按照目前农业部提出的家庭农场的三大主要标准(以家庭成员为主要劳动力，从事农业规模化、集约化、商品化生产经营，以农业收入为家庭主要收入来源)，家庭农场必然会来源于农业专业大户。相比家庭农场，专业大户是一个比较通俗的说法，目前，还没有严格的概念界定，一般而言是指经营规模比传统承包农户大、从事某一品种或某一行业生产的农业经营者。从这个意义上讲，专业大户和家庭农场并没有实质性的区别。当然，我们也可以把家庭农场看成专业大户的升级版，是企业化、法人化了的专业大户。

但是，相比较农业专业大户所面临的种种问题，家庭农场门槛高、准入制度严格，其界定标准也要严格高于农业专业大户。第一，家庭农场必须以家庭成员为主要劳动力，无常年雇工或常年雇工数量不超过家庭务农人员数量。第二，家庭农场的土地流转必须规范。家庭农场的土地流转不但要有正式的书面合同，而且其土地流转期限一般不得低于 10 年。第三，家庭农场的土地要实现连片经营。家庭农场要结合当地的资源禀赋，单块土地面积不得低于一定的亩数。第四，家庭农场主必须是职业农民。家庭农场主不仅必须把从事农业作为固定的甚至终身的职业，而且必须具备适应现代化农业发展的文化素养、管理经验和经营能力。第五，家庭农场不得擅自改变原有土地用途，使流转的土地呈现“非农化”、“非粮化”等现象，危及国家粮食安全。

② 农民合作社是家庭农场的主要服务主体

30 年农业发展的历程已经证明，以家庭承包经营为基础、统分结合的双层经营体制，以“统”的集中功能与“分”的灵活优势，为农村农业经济发展注入了生机和活力，但是，农村基本经营制度和农业生产经营方式并非一成不变，而是在不断地创新和完善。在当前农业市场化、国际化和现代化的新背景下，在坚持农业家庭经营的基础上，更需要追求统分结合的最佳结合点，实现“统”的层次上的创新。创新中最为重要的一点是发展农业社会化服务体系，化解与协同小农生产方式与社会化大生产的尖锐冲突。同时，建设覆盖全程、综合配套、便捷高效的社会化服务体系，也是发展现代农业的必然要求。家庭农场生产规模较大，基于分工的生产专业性较强，农业生产的各个环节之间的联系也很紧密，但同样也面临着较大的市场风险和自然风险，更加迫切地需要为农业产前、产中、产后各个环节提供全方位的社会化服务。因此，合作是家庭农场的基础和条件，同时，家庭农场之间的联合也为合作社规模的形成提供了基础，这种基于农户内在需求的联合和合作，更有利于农民合作社的发展壮大。

家庭农场拥有一定的适度经营规模，但这种厂商内部规模并没有大到将其所需的各种社会服务内部化的程度。因此，从这个意义上说，家庭农场更急需市场提供各种社会服务。农民合作社作为新型农业社会化服务体系的重要主体，可以为家庭农场提供资金服务、信息服务、农业技术服务、农业生产资料和农产品的供销服务、农副产品的初加工和深加工服务等全方位的社会化服务，增强家庭农场的技术风险、自然风险和市场风险防范能力。因此，“农民合作社＋家庭农场”是一种有效且值得推广的农业产业化经营新模式，这种模式在坚持家庭经营的基础上，实现了土地规模化种植、标准化生产、产业化经营，实现了双层经营体制的“统分结合”的创新，符合现代农业发展的方向，必将成为未来农业的基本经营形式之一。

③ 工商企业是家庭农场的重要补充

工商资本不宜长时间大规模地直接参与农业特别是粮食生产经营，但是，这并不意味着工商企业在农业生产中无所作为，工商资本可以凭借其强大的物质资本、人力资本和社会资本，进入设施农业、规模化养殖和“四荒”资源开发等，更适合企业化经营的产业、从事农产品的销售和深加工等产业链上游领域和为家庭农场农业生产提供产前、产中、产后等社会化服务，从而充分发挥工商企业对家庭农场的补充、带动和服务效应。但是，一定要确保家庭农场的农业特别是粮食生产规模经营的主体地位，建立严格的工商资本租赁农户承包土地准入和监管制度，禁止工商企业凭借自己雄厚的资本实力，与弱小的家庭农场争夺耕地的生产经营权。

三、发展家庭农场的意义

发展家庭农场，是我国新时期农业农村经济发展的创新之举，是农业生产集约化、规模化和现代化的重要载体，对发展现代农业意义重大。

1. 破解了“谁来种地”的难题

家庭农场以农业专业化生产经营来实现增收致富，把更多青壮年劳动力吸附在农村，吸附在土地上，让务农成为一种“体面职业”，使其将从事农业生产经营作为固定乃至终身职业，确保了农业发展“后继有人”。一是提升了农业平均利润率。家庭农场通过提高资源利用率、劳动生产率和土地产出率来增加务农收益，使农场成员在自家农场务农就能达到或超过社会平均报酬，确保了农民务农不吃亏，有效益，得实惠。二是培育了新型职业农民。家庭农场的劳动力以家庭成员为主，不需常年外雇人员，是自己给自己打工，日常工作中态度积极，管理精细，便于培育和造就一批懂科技、会经营、善管理的新型职业农民，实现农民从“兼业”向“职业”转变。三是保障了农业可持续发展。家庭农场有助于恢复农民对土地的感情，强化农民和土地的关系，且农场本身亦如家族企业，具有传承性和稳定性，能较好地维持和保护农业生产能力，实现农业发展的代际传承和新老交替。

2. 解答了“怎么种地”的疑问

家庭农场把资源或资本进行集约利用，促使农业生产经营向规模、高产、优质、高效发展，实现了规模种植、效益种植，有利于进一步释放农业发展潜力。一是向集约化方向发展。家庭农场通过优化生产要素配置，把劳动力、土地、资金和技术等适度集中，实现规模生产经营，通过提高农业比较效益进一步增强生产活力，推动农业由粗放经营向集约经营转变。二是向专业化方向发展。家庭农场是围绕某一种农产品从事生产经营，农场成员具有技术和经验优势，对基础建设、前期选种、日常管理、市场对接、产品销售等环节有深入研究，有利于降低生产成本，提高经营能力，促进农业增产增效。三是向组织化方向发展。家庭农场使家庭承包户分散小规模的个体生产变为集中有一定规模的生产，解决了家庭承包经营规模小、成本高、效益低、抗风险能力弱等实际问题，实现了农户经营和规模经营的有机结合，提升了农业抵御自然风险和市场风险的能力。

3. 加速了农业现代化进程

家庭农场作为一种新型农业经营体系，既发挥了家庭经营的独特优势，又克服了家庭承包经营脱离市场的弊端，机械化水平与生产技术水平较高，有力推动了传统农业向现代农业的转型发展。一是健全了农业生产经营体系。家庭农场在不改变农村土地集体所有制和家庭承包制的前提下实现规模经营，符合现代农业发展要求和生产特点，能更加有效、更加科学地推动农业发展，成为构建现代农业生产经营体系的一种重要组织形式。二是普及了农业科技应用水平。家庭农场比普通承包家庭更有能力接受推广和使用农业新技术、新品种、新设施，通过家庭农场的示范带动，引领一批农户熟练掌握先进科技、优良品种、农业机械等现代农业发展要素，进一步扩大了农业科技应用覆盖面。三是推动了农业实现良性发展。家庭农场围绕市场导向，以发展绿色、生态、特色农业为重点，通过规模经营销售，提高了产品市场竞争能力和获取合理的报酬及利润，促使农户用“自我积累、自我发展、自我调节”的方式来推动农业良性发展。

四、国外的家庭农场

1. 美国的家庭农场

农业生产力居世界领先地位的美国，却保留了"家庭"这一古老的社会经济细胞。家庭农场即便仍以家庭为单位，却已具备现代农业企业的基本特征。其原因在于美国家庭农场经营模式将家庭农场与农业商品化、机械化、规模化、科学化等现代生产力的因素结合起来，创造出了经济奇迹。仅占全国人口1.8%的美国农民，不仅养活了近3亿美国人，而且还使美国成为全球最大的农产品出口国。下面是以美国为代表的大、中型家庭农场的发展特点。

(1) 土地所有权的私有化

1776年7月，美国宣布脱离英国统治而独立，建立何种农业生产制度和经营组织来发展农业，成为美国政府特别关注的问题。经过几十年的探索，美国于1820年确立了将共有土地以低价出售给农户，建立家庭农场的农业经济制度。正是这种制度的建立，促进了美国开发西部的移民热潮。

(2) 生产经营的专业化

美国把全国分为10个"农业生产区域"，每个区域主要生产一两种农产品。正是在这种区域化布局的基础上，建立和发展了生产经营的专业化。农场专业化是指一个农场只生产一两种农产品。如，专门种植大田作物，专门种植蔬菜或水果，专门饲养牲畜或家禽。

以美国农业现代化为主要代表的北美模式属于资源丰富型的发展模式。美国农业资源的特点是人少地多，劣势在于劳动力资源相对稀缺，优势在于拥有强大的工业基础和能源优势。因此，美国农业现代化主要是借助工业机械化优势，开展大规模家庭农场的机械化耕作，以机械力替代人力为主要手段，以提高劳动生产率为基本目标的节约劳动型发展模式。这一模式的主要特点是高度机械化、高装备、高效率和高度规模化经营。加拿大、澳大利亚、新西兰等都属于这种发展模式。

2. 法国的家庭农场

法国作为欧盟第一农业生产国、世界第二大农业和食品出口国、世界食品加工产品第一大出口国，其家庭农场的发展功不可没。目前，法国有各类家庭农场66万个，平均经营耕地42公顷，其中60%的农场经营蔬菜、11%的农场经营花卉、8%的农场经营蔬菜、5%的农场经营养殖业和水果，其余为多种经营。75%以上的家庭农场劳动力由经营者家庭自行承担，仅11%的农场需雇用劳动力进行生产。由于近年来农产品市场竞争日趋激烈，加上用工成本的不断提高，法国的家庭农场出现了以兼并的形式不断扩大规模和发展农、工、商综合经营的产业化趋势。

法国农场专业化程度很高，按照经营内容大体可以分为畜牧农场、谷物农场、葡萄农场、水果农场、蔬菜农场等，专业农场大部分经营一种产品，以突出各自产品的特点为主。

3. 日本的家庭农场

1946～1950年，日本政府采取强硬措施购买地主的土地转卖给无地、少地的农户，自耕农在总农户中的比重占到了88%，耕地占到了90%，并且把农户土地规模限制在3公顷以内。日本于1952年制定了《土地法》，把以上规定用法律形式固定下来，从此形成了以小规模家庭经营为特征的农业经营方式。20世纪70年代开始，日本政府连续出台了几个有关农地改革与调整的法律法规，鼓励农田以租赁和作业委托等形式协作生产，以避开土地集中的困难和分散的土地占有给农业发展带来的障碍因素。以土地租佃为中心，促进了土地经营权流动，促进了农地的集中连片经营和共同基础设施的建设；以农协为主，帮助了核心农户和生产合作组织妥善经营农户出租或委托作业的耕地。这种以租赁为主要方式的规模经营战略获得了成功。

第二章　家庭农场的创建

一、家庭农场的认定

家庭农场的认定主要有三个方面的原则。一是家庭经营。家庭农场主要依靠家庭成员生产,即使有雇工也只发挥辅助作用。二是专业务农。家庭农场专门从事农业生产,主要进行种养业专业化生产,经营管理水平较高,示范带动能力较强,具有较强的农产品生产能力。三是规模适度。由于家庭农场有较大的种养规模,能够使经营者获得与当地城镇居民相当、比较体面的收入,但具体规模各地并没有统一的标准。

2012 年底,全国有家庭农场约 87.7 万个,经营耕地面积 1.76 亿亩,平均经营规模 200.2 亩。以粮食生产型家庭农场为例,各地标准并不一致。安徽省提出家庭农场连片规模应在 200 亩以上,江苏省提出的是 100—300 亩,上海市则提出以 100—150 亩为宜。面积小了自然不能实现规模效益,但家庭农场并非越大越好。

那么,到底多大的规模才算家庭农场?我国地域广阔,各地自然经济社会条件差别很大,很难提出一个在全国范围内普遍适用的具体面积标准。县级以上农业部门可以从当地实际出发,依据自然经济条件、农村劳动力转移、农业机械化水平等因素,确定本地家庭农场的规模标准。专家认为,把握家庭经营的规模,可以从三个方面衡量:一是与家庭成员的劳动生产能力和经营管理能力相适应,二是能实现较高的土地产出率、劳动生产率和资源利用率,三是能确保经营者获得与当地城镇居民相当的收入水平。

二、家庭农场的注册

在全国约 87.7 万户家庭农场中,已被有关部门认定或注册的还是比较少的。目前，已经认定或者注册的家庭农场共有3.32万户，其中，农业部门认定1.79万户，工商部门注册1.53万户。同时，家庭农场可申请登记为个体工商户、个人独资企业，符合法律法规规定条件的，也可以申请登记为合伙企业或有限责任公司。

家庭农场是一个自然而然发育的经济组织。许多现实中存在的较大规模的经营农户其实就是家庭农场，但不一定非要到工商部门注册，注册的形式可以多样化。由于家庭农场不是独立的法人组织类型，在实践中有的登记为个体工商户，有的登记为个人独资企业，还有的登记为有限责任公司。农业部提出探索建立家庭农场管理服务制度。县级农业部门要建立家庭农场档案，县以上农业部门可从当地实际出发，明确家庭农场认定标准，对经营者资格、劳动力结构、收入构成、经营规模、管理水平等提出相应要求。依照自愿原则，家庭农场可自主决定办理工商注册登记，以取得相应市场主体资格。

郑州市示范家庭农场申报须提供以下材料：

1. 市级示范家庭农场申报表；

2. 营业执照复印件；

3. 合法有效的农村土地承包经营权证明或土地流转合同（复印件）和清册；

4. 农场生产经营收支记录或会计核算账簿；

5. 农场执行的生产标准及相关管理制度；

6. 农场参与或直接进行的无公害、绿色、有机认证及商标注册等的证明材料；

7. 县（市、区）农委推荐证明。

乡镇农经部门收到申报人提交的申报材料后，对申报材料齐全、符合认定标准的，在5个工作日内签署意见并附相关材料上报县（市、区）农经部门；对于申报材料不全或不符合认定标准的，向申报人说明情况。县（市、区）农经部门对上报材料进行核实，对符合认定标准的，予以认定，颁发《×××家庭农场证书》。

三、家庭农场的登记

1. 登记前的准入条件

申请家庭农场登记应当取得合法有效的农村耕地、山地承包经营权证或耕地、山地流转经营权证(合同)。家庭农场的申请人应是有经营能力的公民(法律、行政法规禁止从事营利性活动的人除外)。申请人根据生产规模和经营需要,可以选择申请设立为个体工商户、个人独资企业、普通合伙企业或者公司。

个体工商户、个人独资企业、普通合伙企业或者公司的基础标准,如,经营耕地或山地面积,耕地或山地的流转年限,种养业规模等应符合当地工商与农业部门的要求。

养殖场选址须符合畜牧业用地规划,取得动物防疫合格证,并建立排污、处理设施。

2. 家庭农场的登记内容

家庭农场的登记主要包括经营范围、经营场所、注册名称等三个方面。

经营范围。家庭农场的经营范围应当根据其申请核定为"××(农作物名称)的种植、销售,××(家畜、禽或水产品)的养殖、销售",种植、养殖技术服务,法律、行政法规规定属于企业登记前置审批项目的,应当向登记机关提交有关许可证件。

经营场所。家庭农场的经营场所可以为家庭住址、也可以为主要生产经营场所(种植地址、养殖地址),凭村委(社区)出具的产权证明(租赁场所的需提交租赁合同)直接办理经营场所登记手续。

注册名称。针对部分地方曾出现的家庭农场登记注册名称混乱现象,根据《意见》要求,申请注册登记的家庭农场名称必须有统一规范。例如,申请登记为个体工商户类型的家庭农场,依据《个体工商户条例》及相关规定办理登记,个体工商户家庭农场名称统一规范为"行政区划+字号+家庭农场";申请登记为有限责任公司类型的家庭农场,依据《公司法》及相关规定办理登记,公司制家庭农场名称统一规范为"行政区划+字号+家庭农场+有限(责任)公司组织形式"或"行政区划+字号+行业+家庭农场+有限(责任)公司组织形式”;也可以申请登记为个人独资企业或者合伙企业。

申请注册登记的家庭农场名称必须有统一规范。家庭农场与一些养殖、种植大户不同,家庭农场有营业执照,可通过开展经营活动,提高自身知名度,随后通过申请注册商标的方式,形成自有品牌。家庭农场在申请注册商标后,其品牌效应会随着品牌知名度的提升而不断增强。

我国幅员辽阔,地貌、气候土壤类型及其组合方式复杂多样,农产品品种丰富,许多产品品质独特,具有丰富的地理标志资源和建立农产品品牌的天然条件。家庭农场的名号可以采取当地有名的山川河流、家庭农场的经营者、特色种植养殖加工等方法命名。如“长兴县博伟家庭农场”、“东阳市万里家庭农场有限公司”、“嘉善县宏大家庭农场有限公司(普通合伙)”。

四、家庭农场的申报

1. 申报材料

(1) 申请人登记申请书。

(2) 申请人身份证明。

(3) 生产经营场所使用证明。

(4) 申请登记的经营范围中有法律、行政法规和国务院规定必须在登记前报经批准的项目,提交有关的批准文件或者许可证书复印件或许可证明。

(5) 委托办理的由委托人签署的《委托代理人的证明》及委托代理人的身份证件复印件。

家庭农场申请工商登记的,应按《×××省家庭农场登记暂行办法》,到企业住所(经营场所)所在地的工商部门自主选择个体工商户、个人独资企业、普通合伙企业、公司四类主体之一,进行注册登记,并根据其申请的主体类型向工商部门提交国家工商总局规定的申请材料,工商部门依法免收注册登记相关费用。

家庭农场无法提交住所或者经营场所使用证明的,可以持乡镇、村委会出具的同意在该场所从事经营活动的相关证明办理注册登记。

2. 申报程序及认定

工商部门是家庭农场的登记机关,按照登记权限分工,负责本辖区内家庭农场的注册登记。工商部门根据实际情况,开通家庭农场绿色通道,落实专人开展行政指导、政策咨询、表格发放和材料审核等,为家庭农场提供高效便捷的准入服务。

具体为乡(镇)政府对辖区内成立专业农场的申报材料进行初审,初审合格后报县(市)农经部门复审。经复审通过的,报县(市)农业行政管理部门批准后,由县(市)农经部门认定其专业农场资格,做出批复,并推荐到县(市)工商行政管理部门注册登记。

五、家庭农场的创办

1. 家庭农场创办的前提条件

(1) 土地集中,形成规模

家庭农场要求较高程度的集约化经营和规模化经营,需要家庭农场主从普通农户手中流转更多的土地。然而,不少"农场主"都面临着土地流转的难题。大多"农场主"有扩大种植规模的想法,但很难租到集中连片、具备机械化作业条件的田地。大多数农民为什么不愿流转土地?主要是农民瞻前顾后,心里不踏实。土地是农民手中最重要的资产,事关长远利益。目前,在子女教育、社会保障、住房等问题没有得到根本解决之前,农民不会贸然将土地长久流转出去;不仅如此,中共中央一号文件规定,既不能限制,也不能强制农民流转土地。没有农民的转移,就不会有农村土地的流转;而要想土地流转,必须解决农民脱离土地后的后顾之忧。

还有一个值得关注的问题是,"农场主"租种土地的承包费如何消解。目前,正常年景之下,农民自种一亩地的粮食一年能赚上千元,如果"农场主"种粮食,单产未必有小户农民高,而且"农场主"还要支付额外的租金,付少了,出租农户不愿意;付多了,家庭农场承担不了。在家庭农场发展初期,可以通过政府补贴消解部分承包租金,长期这样,恐怕难以为继。

(2) 发展资金瓶颈

家庭农场的发展离不开金融支持。一些家庭农场想扩大规模,却遭遇融资难。农业项目投入形不成固定资产,不能抵押融资。多数农场主没有足够多的可抵押的资产,只能获得小额贷款,而靠少量贷款只能是杯水车薪,根本解决不了大问题,不少农场主为此头疼不已。

现在流转的耕地，过去都是一家一户的承包地，既分散，又不成块，水、渠、沟、路不怎么配套。改善这些基础设施，需要大量资金。如湖北省蔬果种植大户胡吉红2013年4月注册了家庭农场。光蔬果基地建设花费了600多万元，修观光水泥路又花了60多万元，虽然“钱景”光明，但前期投入太大，让他有点吃不消。他说：“自己多年积蓄已全部投入，想贷款又贷不到。”以“稻鳖共生”种养新模式致富的“农场主”郭忠成，家庭农场已经达到了400亩，也面临着资金难题。为了实现深加工，他曾多次向银行申请贷款都无结果。他说：“农业风险大，生产周期长，效益产出慢，银行不愿放贷。即使放贷，也只是三五万元，顶不了多大的事。”

(3) 要有高素质的职业农民

“种1亩地与种1000亩地不可同日而语”。家庭农场需要什么样的农民？从湖北省涌现的“农场主”可看出一些端倪：王庆禄是种粮大户，郭忠成“发明”了“稻鳖共生”，胡吉红搞的是工厂化种植，他们能脱颖而出都有自己的强项。从这些成功者的素质看，家庭农场已非传统务农者可以胜任。

从市场需求看，当下有5类农民最走俏：从农业转向非农就业的“技能型”农民；从事农业生产和经营的“专业型”农民；自主经营农产品精深加工、特色商业、服务业等项目的“创业型”农民；具有技术专长、人格魅力和群众威望的“带动型”农民；有一定企业经营经验的“管理经营型”农民。一些“农场主”说，高素质农民，年薪10万不是问题。只可惜这样的农民太少。

目前，随着城镇化进程加快，“洗脚上岸，背包进城”已成为大多数农村青壮年的选择，留守农村的多是妇女、孩子和老人，农业劳力的断层现象已经显现。与此相应的是，这些主要劳力文化程度普遍偏低，只能勉强维持传统农业生产。现在的农村，“60—70”后不想种地，“80—90”后不会种地，“00—10”后不谈种地。务农的工价不断在涨，但劳动力依旧难求。

据一位多年在市职业高中任教的农林专业课教师说：“由于市场变化，职业高中的种植、养殖专业几乎垮掉了，过去有比较优势的涉农专业，近几年都很难招到人，几乎开不了课。发展家庭农场，农业生产规模化、集约化程度不断提高，对各类生产经营和技能服务型人才产生了巨大需求。”他呼吁要重视职业农民的教育培育，培养一大批适应现代农业发展需要的新型农民。

(4) 良好的社会服务

近几年来，农产品价格暴涨暴跌，“菜贱伤农”、“菜贵伤民”的故事不断上演。传统的大宗农产品，如白菜、冬瓜、生猪、禽蛋、麦冬等价格波动剧烈，增产难增收，让农民无所适从。农产品价格暴涨、暴跌，最直接的原因是信息不对称，大多数农场主无法在第一时间了解到增收信息，获得高效品种，掌握增产技术；有了好的农产品，也不知道卖到哪里。有几位"农场主"深有感触地说："市场瞬息万变，各种致富信息鱼目混珠，让人对项目摸不着、吃不准、看不透，农产品价格上扬了，有时我们不知道，等知道了追上去已经晚了。"农产品市场走势如何？种啥划算？养啥赚钱？种植、养殖有哪些新技术？养什么禽畜有市场？这些都是"农场主"迫切需要的信息。

调查发现，"农场主"的地位其实很尴尬：与千变万化的大市场相比，仍然显得过于渺小。缺少专业人员，缺少专业信息渠道，缺少对国内外市场的专业研判，使得家庭农场主难以掌握并有效利用市场信息。"农场主"主要凭经验、凭对市场的主观判断种植农产品，往往产销不对路。一些"农场主"和普通农户无多大差别，只是多从农民手中转包了一些田地而已。他们既无晒场，又无粮仓，收割后要么不晒就卖，要么晒在马路上，贮存在自家简易粮仓，长时间存放被老鼠吃了不少，有时还会霉变发芽。连续两年被农业部评为全国种粮大户的童启国就迫切希望有关部门解决农机和粮食存放问题，"让农机有'机窝'，粮食有粮仓"。

家庭农场要发展好，需要强化完善的社会化服务，包括政策、贸易、气象、病虫害防治、新技术、新品种等实用信息方面的服务。但是，城市目前显然提供不了这样的服务。例如，农业社会化服务组织机构不健全，队伍不精干；各个服务组织之间常常各自为政，形不成合力。有的"服务部"、"服务公司"由贸易货栈、小卖部改头换面而来，承担不了"农场主"的个性化服务要求。一些"农场主"反映，有的服务组织服务行为短期化，重创收，重收费，轻服务。

(5) 政府的政策支持

健全的土地流转制度，有利于促进土地流转，扩大家庭农场的经营规模。加强政策支持，规范土地使用权的有偿转让，能够有效促进土地流动。通过合理的流动实现耕地的相对集中，政策上的保证尤为关键。通过流转将土地集中于种田能手，促进土地规模经营。在实际工件中，应进一步加大对土地流转的扶持力度，制定支持政策，加大对流转土地的补贴，促进家庭农场大批地建立和发展起来。

2. 家庭农场的创办程序

(1) 要了解本地区申请家庭农场的政策措施

具体了解的项目有:土地经营规模,经济作物的经营面积必须是多少公顷以上,土地经营相对集中连片;土地流转时间必须要有多少年以上;投资总额(包括土地流转费、农机具投入等)要达到多少万元以上。

(2) 要准备好书面材料

包括专业农场申报人身份证明原件及复印件;专业农场认定申请及审批意见表;土地承包合同或经签订后的土地流转合同及公示材料(土地流转以双方自愿为原则,并依法签订土地流转合同);专业农场成员要有出资清单;有符合创办专业农场发展的规划或章程;其他需要出具的证明材料。

(3) 具体步骤

先到村委会、乡(镇)政府对申报材料进行初审,初审合格后报县农委农经部门复审。经复审通过的,报县农业行政管理部门批准后,由其认定其专业农场资格,作出批复,并推荐到县工商行政管理部门注册登记。

六、家庭农场的创办模式

2000 年以来,浙江省宁波、上海市松江、湖北省武汉、吉林省延边、安徽省郎溪等地积极培育家庭农场,形成了各自独特的发展模式,在促进现代农业发展方面发挥了积极作用。据统计,农业部确定的 33 个农村土地流转规范化管理和服务试点地区,已有家庭农场 6670 多个。

1. 浙江省宁波模式

20 世纪 80 年代中后期,宁波市就有了家庭农场的雏形,出现了一批良田适度规模经营大户,随着市场经济的不断发展,一些大户自发或在政府部门引导下,进行了工商注册登记,以期寻求法律的保护和进一步参与市场竞争的机会。该模式以市场为主导,培育了一批生产蔬菜、瓜果、畜禽养殖等规模大户,规模大户还进行了工商注册登记,成立了公司,进一步寻求贴近市场的发展方式。

宁波市的家庭农场大多都是通过承租、承包、有偿转让、投资入股等形式,分别集中当地分散的土地进行连片开发后发展起来的。经营的项目涉及种粮、蔬菜种植、苗木花卉、特种养殖等领域。有些家庭农场还因地制宜，借助当地独特的农业资源、田园风光等优势，发展休闲观光农业，使农场农产品采摘、观光、休闲合为一体，使农场农产品身价陡增。

目前，农场有600多户，年销售额50万元以上的有355家，收入为租金+薪金收入。单户家庭农场面积一般在50亩以上，雇用工人、拥有自主商标是其特色。

2. 上海市松江模式

松江的家庭农场别出心裁，是高度“计划性”的“定人定产”农场，规模在100—200亩，农场主是本地职业化的家庭成员，基本不超过3人，只从事粮食生产和养猪。自2007年推出到2013年6月已发展到1173户，经营面积占全区粮田面积的77.3%，户均经营面积114.1亩，户均年收入10.1万元。创办方式：农民按照自愿有偿原则先将自家耕地流转给村集体，由区政府投资对耕地进行统一管理，健全配套基础设施，然后由村集体发包给种田能手；猪场、发酵池等设施由政府负责投资，农场主只要养好猪，就可以拿到相应的代养费。特色：持证上岗，政府衔接产业链。

3. 湖北省武汉模式

2011年起，武汉市开始发展家庭农场，主要有4种类型：种植业家庭农场、水产业家庭农场、种养综合型家庭农场和循环农业家庭农场。申报的家庭农场主必须是武汉市农村户籍、从事农业生产发展的农户，具有高中或相当于高中以上文化水平等。

创办方式：鼓励农村一些有文化、懂技术、会经营的农民，通过承包、投资人股等形式，集中当地分散的土地进行连片开发，养鱼，种菜。与传统的农户种植不同，这些家庭农场以市场为导向，选择的蔬菜品种均为国内外名特优蔬菜品种；设施以钢架大棚、水泥棚、竹棚为主，施肥以农家肥、有机肥、微生物肥料为主。所生产的农产品除自行销售外，还可以进入净菜上市配送系统，卖进超市，条件具备的农户还可将休闲观光与采摘结合一起。

目前，农场已达167户，平均年收入超过20万元，单户家庭农场面积15—500亩。家庭农场主必须是武汉市农村户籍农户，具有高中及以上文化水平是其特色。

4. 吉林省延边模式

从2008年开始，延边朝鲜族自治州在全州范围内探索“家庭农场”模式。农村种田大户、城乡法人或自然人，通过承租农民自愿流转的承包田，创办的土地集中经营的经济组织。为帮助家庭农场盘活土地权利，获得发展所需资金，政府进行了较大力度的扶持：允许在册的家庭农场获得由政府担保的土地权利担保贷款、信用担保贷款，农场获得的全部涉农贷款均由政府贴息60%，政府还补贴其投保土地承租费附加险等。目前，家庭农场数已达451户，平均年收入10万元以上，平均经营土地面积1 275亩，可享受各项国家农业财政补贴政策。实施相关税收优惠政策等是其特色。

5. 安徽省郎溪模式

从2009年起，郎溪县连续3年安排项目资金90万元，在全县优选10个家庭农场，每年为每个农场投入项目资金3万元，开展示范家庭农场建设。实行家庭承包经营后，农民家庭通过租赁、承包或者经营自有土地实现规模经营的形式。家庭农场数216户，农场内人均纯收入28910元，每户农场面积50亩以上，成立“郎溪县家庭农场协会”、创建科技示范基地（目前已创办示范农场20个）是其特色。

七、家庭农场的项目申报

1. 项目的概念

家庭农场的发展与成长，离不开家庭农场成员自身的拼搏和努力，但自身力量毕竟有限，如果能获得国家农业资金的支持，就能更有效地为家庭农场注入动力，增强活力。因此，家庭农场对项目及项目建设应该有必要的了解，并有针对性的争取。

项目一般指同一性质的投资或同一部门内一系列有关或相同的投资，或不同部门内一系列的投资。具体项目是指按照计划进行的一系列活动，这些活动相互之间是有联系的，并且彼此间协调配合，其目的是在不超过预算的前提下，在一定的期限内达成某些特定的目标。

而农业项目，泛指农业方面各种不同门类的事物或事情。包括物化技术活动、非物化技术活动、社会调查、服务性活动等。在农村、农业、农民的实际工作中，拥有数以万计的各种类型、内容不同、形式多样、时限有长有短的农业项目，包括每年新上的项目、延续实施的项目和需要结题的项目等。

（1）项目的分类

农业方面的项目依据其性质区分，一般有两大类，一类是生产项目，另一类是农业科技推广项目。

农业生产项目，主要是指在农、林、水、气等部门中，为扩大农业长久性的生产规模，提高其生产能力和生产水平，能形成新的固定资产的经济活动。

农业科技推广项目，主要是指国家、各级政府、部门或有关团体、组织机构或科技人员，为使农业科技成果和先进实用技术尽快应用于农业生产，保障农业的发展，加快农业现代化进程，并体现农业生产的经济效益、社会效益和生态效益而组织的某一项具体活动。

（2）项目的选择

家庭农场应根据自身条件、定位，善于选择国家政策扶持的项目。

① 项目选择的依据

社会发展的需要。从广义上讲，社会发展就是社会进步。从狭义上讲，社会发展是从传统社会向现代社会的变迁过程。单纯的经济增长不等于社会发展，它包括经济发展、社会结构、人口、生活、社会秩序、环境保护、社会参与等若干方面的协调发展。最主要的是人的发展，现代科技的普及等。因此，在农业生产经营和技术推广活动中必须有计划、分步骤地开展各种各样的项目实施工作，即以不同的项目有计划、有目的地提高生产经营能力，对新成果进行传播和应用，提高农业生产水平。

② 市场需要

在农业生产经营和技术推广过程中，有时生产经营能力不能适应发展的需要，存在生产的农产品并非市场所急需、或某类农产品有供过于求、或农产品附加值太低的问题，因此需要充分考察国内外市场的需求状况，确定目标市场，并对目标市场进行细分，进而实施不同的农业项目，达到增产增收或其他推广目标。

（3）项目的主要来源

① 农业生产项目主要有以下几类。

现代农业生产发展资金项目。现代农业生产发展资金主要用于支持各地稳定发展粮油战略产业，加快发展蔬菜等十大农业主导产业，促进粮食等主要农产品的有效供给和农民持续增收。现代农业生产发展资金的支持对象为：农民专业合作社、家庭农场、专业种养大户，与农民建立紧密利益联结机制直接带动农民增收的农业龙头企业等现代农业生产经营主体，开展农技推广应用的农技推广机构以及粮食生产功能区建设主体。优先支持对推进村级集体经济发展壮大有较大作用的主体。现代农业生产发展资金主要支持以下关键环节。

基础设施建设：项目区土地平整、土壤改良，主干道、作业道、蓄水灌溉、田间水利，滴喷灌设施、大棚温室、育苗设施，高标准鱼塘改造、浅海养殖设施、新型网箱、水处理设施，标准化养殖畜禽舍，养殖专用生产设施及防疫设施，“两区”生产配套服务设施等基础设施建设。

设备购置：农（林、渔）业机械，质量安全检测检验仪器设备，农产品产地加工、贮藏、保鲜、冷藏等设备购置。

技术推广：良种引进推广、繁育，品种优化改良，先进实用技术和生态循环农业发展模式推广应用与技术培训和示范。

现代农业生产发展资金在加大对种子种苗、科技推广、机械化、产业化与合作经营机制培育、基础设施建设等扶持力度的同时，根据不同产业，重点支持以下具体内容。

粮油产业（主要包括水稻、小麦、玉米、油菜、木本油料等产业）：重点支持基础设施、土壤改良和“三新”技术推广示范、粮食生产高产创建等。

蔬菜产业：重点支持“微蓄微灌”和大棚设施建设等。

茶叶产业：重点支持标准茶园建设和初制茶厂优化改造等。

果品产业（主要包括柑橘、杨梅、梨、桃、葡萄、枇杷、李子、蓝莓等产业）：重点支持精品果品基地建设和产后处理等。

畜牧产业（主要包括猪、牛、羊、禽类等产业）：重点支持标准生态循环养殖小区建设和良种引进等。

水产养殖产业（主要包括鱼类、虾蟹类、龟鳖类、珍珠、海水贝藻类等产业）：重点支持高标准鱼塘、新型网箱、节能温室、浅海养殖等基础设施建设和设备购置，以及稻田养鱼、水产健康养殖示范基地、水产品新品种新技术推广等。

竹木产业：重点支持林区道路等基础设施建设和竹木高效集约经营利用

项目等。

花卉苗木产业：重点支持大棚等设施设备和产品推广等。

蚕桑产业：重点支持蚕桑优化改造和种养加工设施等。

食用菌产业：重点支持集约化生产基地和循环生产模式等。

中药材产业：重点支持药材规范化基地建设和产地加工等。

财政农业专项资金项目。财政农业专项资金项目是为进一步推进粮食生产功能区、现代农业园区和基层农业公共服务中心建设，保障农业现代化行动计划顺利实施而设立的，通过强化资金集聚和项目带动，推动农业生产规模化、产品标准化、经济生态化。支持对象为规范化农民专业合作社、家庭农场、专业大户、国有农场、村经济合作社、与农民建立紧密利益联结机制的农业龙头企业等生产经营主体，以及开展农技推广应用的推广机构。

② 农业科技推广项目主要有以下几类。

科技发展计划。科技发展计划是政府直接参与、实现科技和经济发展目标的有力手段，是政府通过资金运用和政策调控，开发先进适用的农业科学技术，并把这些技术引向农村，引导亿万农民依靠科技发展农村经济，促进农村劳动者整体素质的提高，推动农业和农村经济持续、快速、健康发展。

农业科技成果转化资金项目。农业科技成果转化资金项目是指由科技部门和财政部门共同实施、农业部门负责监理的项目，支持对象主要为农业科技型企业。转化资金根据农业科技成果转化地域性强、周期长、风险大的特点，支持有望达到批量生产和应用前景的农业新品种、新技术和新产品的区域试验与示范、中间试验或生产性试验，为农业生产大面积应用和工业化生产提供成熟配套的技术。支持重点是：动、植物新品种（或品系）及良种选育、繁育技术成果转化；农副产品贮藏加工及增值技术成果转化；集约化、规模化种植、养殖技术成果转化；农业环境保护、防沙治沙、水土保持技术成果转化；农业资源高效利用技术成果转化；现代农业装备与技术成果转化。

星火计划。星火计划是依靠科技进步、振兴农村经济、普及科学技术、带动农民致富的指导性科技计划，是国民经济和社会发展计划及科技发展计划的一个重要组成部分。星火计划的宗旨是：坚持面向农业、农村和农民；坚持依靠技术创新和体制创新，促进农业和农村经济结构的战略性调整和农民增收致富；推动农业产业化、农村城镇化和农民知识化，加速农村小康建设和农业现代化进程。星火计划的主要任务是：以推动农村产业结构调整、增加农民收入、全面促进农村经济持续健康发展为目标，加强农村先进适用技术的推广，加速科技成果转化，大力普及科学知识，营造有利于农村科技发展的良好环境。围绕农副产品加工、农村资源综合利用和农村特色产业等领域，集成配套并推广一批先进适用技术，大幅度提高农村生产力水平。

2. 项目申报与管理

(1) 项目申报

申报前的准备。项目主管部门在发布项目指南后，相关农业企业(包括家庭农场)对照指南要求，开始前期准备工作，填写项目申请书，并进行可行性分析研究和论证评估。提交项目申请书后，有的项目还应按照要求准备答辩。为了提高项目申报的成功率，申报单位对所申报的项目，应集思广益，聘请有关专家，参照有关规定和指南进行认真的论证，并积极修改项目申报的相关材料。申报前的论证，关系申报的成败，必须积极、认真，坚持实事求是。

明确项目承担单位条件。农业项目需要具体的承担单位来执行并完成，项目承担单位的条件如下。

领导重视。承担单位领导对项目的实施非常重视，愿意承担项目的实施工作。

有较完善的组织机构。承担单位必须是农业经营主体，内部管理机构完善，分工明确，人员配备完整。

有较强的技术力量和必要的仪器设备。承担单位的技术力量较强，技术人员有与项目相关的专业知识，技术水平较高，有承担项目实施的经验。同时，有与项目实施要求相适应的仪器设备，能完成项目的实施任务。

有一定的经济实力。农业项目的实施，除项目下达单位拨付一定经费外，往往还需要承担单位配套相应的经费。因此，承担单位必须有一定的经济实力，才能完成项目实施任务。

有较强的协调能力。有的项目一个单位完成有一定的困难，需要其他相关单位配合才能完成。因此，在有多个单位一起参与的情况下，主持(承担)单位必须具有较强的协调能力，指挥协作单位共同完成项目任务。

明确项目承担单位和申请人的职责。项目主持人(负责人)一般应由办事公正、组织协调能力较强、专业技术水平较高的行家担任。项目主持单位和项目主持人(负责人)，能牵头做好以下工作。

编写《项目可行性研究报告》，并根据专家论证意见修改、补充，形成正式文本。

搞好项目组织实施,组织项目交流,检查项目执行情况。每年年底前将上年度项目执行情况报告、统计报表及安排下年度计划,报项目组织部门审查。

汇总项目年度经费的预算、决算。

负责做好项目验收的材料准备工作。

传达上级主管部门有关项目管理的精神,反映项目实施过程中存在的问题,提出相应的解决意见,报项目组织部门审核。

项目申报材料的一般格式。农业生产项目的申报材料一般有项目可行性研究报告和财政申报文本两种。农业项目可行性研究报告的一般格式和要求如下。

项目摘要。项目内容的摘要性说明,包括项目名称、建设单位、建设地点、建设年限、建设项目性质与产品方案、投资估算、运行费用与效益分析等。

项目建设的必要性和可行性。

市场(产品)供求分析及预测。主要包括本项目在本行业(或主导产品)的发展现状与前景分析,现有生产能力调查与分析,市场需求调查与预测等。

项目承担单位的基本情况。包括人员状况,固定资产状况,现有建筑设施与配套仪器设备状况,专业技术水平和区域示范带动能力等。

项目地点选择分析。项目建设地点选址要直观准确,要落实具体地块位置并对与项目建设内容相关的基础状况、建设条件加以描述,不可以用项目所在区域代替项目建设地点。具体内容包括项目具体地址位置(要有平面图)、项目占地范围、项目资源及公用设施情况,地点选择等。

生产工艺技术方案分析。主要包括项目技术来源及技术水平、主要技术工艺流程、主要设备选型方案比较等。

项目建设目标。包括项目建成后要达到的生产能力目标、任务、总体布局及总体规模。

项目建设内容。项目建设内容主要包括土建工程、田间工程(指农牧结合的)、配套仪器设备等。要逐项详细列明各项建设内容及相应规模。土建工程:详细说明土建工程名称、规模及数量、单位、建筑结构及造价。建设内容、规模及建设标准应与项目建设属性与功能相匹配,属于分期建设及有特殊原因的,应加以说明。水、暖、电等公用工程和场区工程要有工程量和造价说明。田间工程:建设地点相关工程现状应加以详细描述,在此基础上,说明新(续)

建工程名称、规模及数量、单位、工程做法、造价估算。配套仪器设备：说明规格型号、数量及单位、价格、来源。对于单台(套)估价高于5万元的仪器设备，应说明购置原因及理由和用途。对于技术含量较高的仪器设备，需说明是否具备使用能力和条件。配套农机具：说明规格型号、数量及单位、价格、来源及适用范围。大型农机具，应说明购置原因及理由和用途。

投资估算和资金筹措。依据建设内容及有关建设标准或规范，分类详细估算项目固定资产投资并汇总，明确投资筹措方案。

建设期限和实施的进度安排。根据确定的建设工期和勘察设计、仪器设备采购、工程施工、安装、试运行所需时间与进度要求，选择整个工程项目最佳实施计划方案和进度。

土地、规划、环保和消防。需征地的建设项目，项目可行性研究报告中必须附国土资源部门核发的建设用地证明或项目用地预审意见。需要办理建设规划报建以及环评和消防审批的，附规划部门以及环保、消防部门的意见。

项目组织管理与运行。主要包括项目建设期组织管理机构与职能，项目建成后组织管理机构与职能、运行管理模式与运行机制、人员配置等，同时要对运行费用进行分析，估算项目建成后维持项目正常运行的成本费用，并提出解决所需费用的合理方式方法。

效益分析与风险评价。对项目建成后的经济与社会效益测算与分析，特别是对项目建成后的新增固定资产和开发、生产能力，以及经济效益、社会效益等进行量化分析。

有关证明材料。各种附件、附表、附图及有关证明材料应真实、齐全。

农业财政资金项目申报标准文本的一般格式和要求如下。农业财政资金项目申报标准文本为表格式文本，按其具体要求逐一填写。主要有以下内容。

基本信息。包括项目名称、资金类别、项目属性、总投资、所申请的财政补助、项目单位名称等。

项目可行性研究报告摘要。包括项目与项目单位概况(项目基本情况：立项背景、建设目标等；项目单位情况：近两年财务状况、技术条件和管理方式等)、投资必要性分析(是否符合产业政策、行业和地区发展规划，资源优势及其与当地主导产业的关系，促进当地经济发展和农民增收作用)、市场分析(项目主要产品种类、生产和销售情况，主要产品的市场供需状况及发展趋势，主要产品的市场定位与竞争力)、生产、建设条件分析(项目所在地自然资源条件、社会经济条件，交通、水、电、通讯等基础设施与配套设施）、建设方案（项目实施地点、范围和实施计划，建设内容和技术方案，项目运作机制和组织落实）、财政补助资金支持环节、投资估算与资金筹措、主要财务指标、社会效益分析、示范带动作用、促进农民增收、公共服务覆盖范围、生态环境影响、结论。

项目评审论证表和申报项目审核表。

农业科技推广项目的申报材料一般包括项目申请表、项目可行性报告、承诺书及有关附件材料等。项目可行性报告的一般格式和要求如下。

项目概况，国内外同类研究情况（包括技术水平）；技术（产品）市场需求，经济、社会、生态效益分析；项目主要研究开发内容、技术关键；预期目标（要达到的主要技术经济指标，自主知识产权申请）；项目现有技术基础和条件（包括原有基础、知识产权情况、技术力量的投入、科研手段等）；实施方案（包括技术路线、进度安排）；项目预算（包括经费来源及用途）；申请单位概况（包括企业规模、技术力量、设备和配套情况、企业资产及负债情况）；项目负责人及主要参加人员简历等。

项目的立项程序。申报农业项目，首先要由承担单位，主要是农村家庭农场等经济实体，根据项目申报指南要求，选择符合自身实际要求的项目，填报申请表及项目可行性报告，分别通过网上和书面两种途径向项目主管部门申报。项目主管部门接到申报材料后，将组织相关专家进行综合评价，有的还要进行实地考察，有的项目初评结果还将在网上进行公示，公示期限内无异议的正式立项，并签订项目合同或下达项目计划任务书。

（2）项目管理

① 项目管理的含义

项目管理就是应用系统的方法，对项目的拟定立项、实施执行、成果评价、申报归档等各个阶段工作的实践活动、连接与配合进行有效的协调、控制与规范行为，以达到预期目标的活动过程。

② 项目管理的性质

项目管理与管理的性质一样，具有二重性，即自然属性和社会属性。

管理的自然属性，表明了凡是社会化大生产、产业化、规模化的劳动过程，都需要管理，管理的这种自然属性主要取决于生产力发展水平和劳动社会化程度，而不取决于生产管理的性质；管理的社会属性表明了一定生产关系下管理的实质，这种社会属性，随着生产关系的变化而变化，因而它是管理的特殊属性。例如，农业项目的管理对象，是参加项目实施的广大科技人员及农业劳动者，他们是项目的主人，项目的实施过程是他们直接参与的过程，也是项目决策的参与者，通过各种方法，如，经济方法、行政方法、法律方法，充分地调动他们直接参与的积极性、主动性和能动性，自觉地规范行为，实现项目的预定目标。

③ 项目管理的内容

项目申报立项管理。主要是项目组织单位的管理工作，其具体内容包括下达项目的编写大纲或申报指南，接受申报，组织专家对申报项目进行可行性研究，做出决策，否定或批准立项，下达项目计划并执行。

项目实施管理。具体的内容包括层层签订合同，对实施方案与计划执行管理，对实施单位的人、财、物进行管理、检查、反馈与调整等，这一阶段的管理工作包括高层管理、中层管理和基层管理的交叉，需要互通信息、密切配合、协调共进，保证项目的顺利实施。

项目验收与鉴定管理。其具体内容包括资料整理、总结工作的管理，对经项目承担单位申请、项目组织单位组织项目验收与鉴定工作的管理，对农业科技推广项目成果报奖及材料归档的管理工作等。

④ 项目管理的方法

分级管理。项目组织部门根据各自的情况制定各自的项目计划，这些项目一般按下达的级别进行管理。省、市、县级项目组织部门分别管理跨市、跨县、跨乡的项目。承担上级的项目，执行中的修正方案要报上级管理部门批准；项目结束后，档案材料正本要交上级管理部门，自己只留副本。

分类管理。在各级部门管理的项目中，一般分为农、林、牧、渔项目，隶属各部门管理，部门内再按专业划分，以便于按照各专业的特点，采取不同的管理办法组织实施。

封闭式管理。每个农业项目的管理，从目标制定、下达部署、组织执行、反馈修改方案，直至实现目标，必须形成一个封闭的反馈回路，称为封闭式管理。项目管理中如果有头无尾或只有方案没有反馈，不按照项目程序进行，就很难达到预定目标。

合同管理。项目计划下达后，项目下达部门可与下级部门逐级签订合同书，将项目实施目标，技术经济指标，完成时间，需要的经费、物资，考核验收办法，奖惩办法等写入合同，经各方签字后生效。

3. 项目实施与检查

(1) 项目实施

① 制定实施计划

项目实施计划是一种为有效执行项目计划而进行的重要活动。项目实施计划一般由项目主持人(负责人)根据项目的要求而制定,内容包括:设立项目的目的、意义和达到的指标;项目要求解决的问题和达到的经济技术指标,分年度计划和实施范围;项目技术要点和创新点。重点论述采取哪些措施,就能实现项目预定目标;完成项目任务应抓好的几项工作,包括任务的具体分解、实施地点、配套物资的供应、技术指导、推广方法的确定、推广经费的来源和具体使用计划,以及需要解决的其他问题等;实施项目的组织保障措施,包括建立和加强组织领导,建立协调机构和技术指导小组,项目参加人的确定等。

② 签订实施合同

在项目实施方案批准下达后,由项目管理部门与项目实施单位逐级签订项目实施合同或下达项目计划任务书,将项目的实施要求、目标进展、经费预算审核、任务期限以及双方的责任和义务明确规定下来,作为双方共同遵守的原则,最后双方负责人签字生效,并作为项目验收的主要依据。

③ 落实实施方案

按照项目实施方案层层落实到位,做到面积(或数量)落实,人员职责分明。在此基础上,采取适当的推广方式、方法和有效措施进行落实。如,培训技术骨干、科技示范户等相关人员,印发技术资料,制作光盘,进行媒体宣传,管理和使用好项目经费,建立示范方、示范田、样板田,抓好示范村、示范户,组织现场参观,进行巡回技术指导等。

(2) 项目检查

① 检查的必要性

检查是为了保证项目的顺利实施。一般来讲,项目正式批准下达执行后,就意味着检查的开始。项目实施的检查内容为:项目已执行到了什么程度,执行中遇到了什么问题,采取什么具体的解决办法等。在检查中,会遇到很多具体问题,也会产生一些对有关问题的看法。例如,关于项目内容等一般性的问题与看法,关于项目目标的问题与看法,关于项目中的重点问题与看法,关于实施单位分工、协调、联系等方面的问题与看法,关于资金投入、费用开支、设备使用等方面的问题与看法等。检查希望尽可能做到面面俱到,妥善解决问题，但实际上是不可能的。要选择影响面较大的重点，具体分析，采取措施，有效解决。着重点应是检查项目实施情况，以保证项目顺利实施，确保按期完成。

检查是为了掌握情况，了解问题，及时调整实施措施。农业项目进行的时间，一般短的是 2—3 年，长的是 3—5 年，林、果、茶、中低产田改造等项目，则时间较长。由于农业生产情况比较复杂，受外界环境条件影响很大，如，干旱、洪涝、病、虫、风、低温、冰雹以及原材料供应价格、国家政策调整、国内外市场供求的行情变化等，都有可能影响项目的实施。项目主管单位根据项目承担单位的报告，通过检查，掌握情况，了解问题，及时地调整实施措施，改善、增加、落实所需条件，支持和帮助项目承担单位解决困难，继续履行合同，实施项目。

检查有利于及时发现重大问题，及时处理。

项目在实施过程中，如需修改合同的某些内容，承担单位向项目主管部门提出修改内容及理由的申请报告，项目主管部门可与承担单位即时商定。

项目承担单位不及时报送年度经费决算、执行情况和工作总结，经协调无效，项目主管部门可停止项目执行。

项目主管部门对项目执行情况，可采取实地检查、定期评议、拨款调控等手段加强对项目的管理，若发现重大问题，如承担单位撤、并，参加项目人员发生重大变化，如，病、故、出国或不能胜任工作，项目实施无法继续进行，或因其他因素致使原计划无法实行，原定目标无法达到等，对实施项目可予以调整或撤销。

② 检查的内容

检查项目落实与进展情况。检查项目试验与示范田（方）建立情况，是否按照方案进行以及技术措施执行的情况，田间档案建立与专人负责记载等。检查项目实施的范围、规模、项目实施组织与管理；项目参与人员的岗位责任制，对执行项目的认识与态度等。检查项目承担各部门的分工协作，协调与矛盾情况。

检查项目实施的效果情况。检查项目实施后取得的阶段性成绩，与项目计划比较，能否按时实现项目的技术经济指标，能否超过或者有差距时采取了补救措施。检查项目实施方案有无新技术、新信息进行补充和修正，对原方案如何修改和实施等。

检查项目经费使用情况。按合同规定,检查项目实施经费是否按时足额到位。检查项目承担单位是否做到专款专用。项目经费严禁挤占和挪用,经费的使用情况,一般是检查的重点内容。

③ 检查的方法

自查,或定期向项目主管部门提交报告。按照合同规定或项目实施要求,项目承担单位定期按规定要求或规定表格写好、填好,形成专题报告,向项目主管部门汇报,在向主管部门汇报的同时,也可以对项目实施情况提出一些改进的意见。

组织互查或联查。在组织实施比较大的、范围比较广的跨地区项目时,为保证项目顺利实施和目标的实现,在项目执行的关键阶段,由项目主管部门组织有关专家和管理人员以及参加项目实施的有关人员进行互查或联合检查,及时交流情况和解决问题。互查或联查结束后,要写出专题检查报告,报告项目主管部门,视具体情况,也可抄报项目承担单位。

④ 检查时应注意的问题

讲究实效,厉行节约。一般以自查、写阶段小结报告为主。个别问题,主管部门亲临现场,或进行抽查,指导和帮助解决问题。要坚持以自查报告和抽查为主,以互查或联查为辅。

检查可以利用各种形式,如,召开座谈会,个别访问征求意见,进行问卷调查等。但更重要的是深入田间、农户,实地进行考察,并察看试验、示范的第一手记载资料,有关项目实施会议记录等。既查看项目实施点所提出的好的样板,也要注意查看搞得不好或不成功的地方,以利于找出问题,研究解决办法。

4. 项目总结与评价

(1) 项目总结

① 总结的内容

项目总结的主要内容包括以下几个方面。

立题的依据和意义。主要写明项目的立题依据和成果来源,也就是总结项目的根据是否充分,立题是否准确,针对性是否强,是谁下达的任务,并且阐明对农业生产和农村经济发展的作用和重大意义,进一步验证项目的准确性和必要性。

项目取得的成绩。主要包括项目实施以来的推广面积、实施范围、产量情况、增产幅度,与计划任务相比是否达到了合同规定的指标,达到了多大的经济效益和社会效益,生态效益如何,对提高农民素质和科技人员素质起到的作用等。

项目的主要技术改进。主要包括完成项目任务而采取的技术原理是否科学可行,是否结合当地实际有效地促进了生产发展。特别是总结项目实施的关键技术结合当地实际有哪些改进、创新和发展等。还应总结技术开发路线以及推广手段、推广方法的改进等。

完成项目任务的工作方法和措施。主要包括健全组织领导,建立示范田、示范点落实情况,围绕项目实施开展技术研究,组织协作攻关,现场考察,以及技术指导、技术培训、技术服务等情况。

② 总结时应注意的问题

要充分整理资料。在动笔前先广泛搜集各种资料,资料有序,避免凌乱。要分析研究,提炼观点。

正确评估工作。用辩证唯物主义观点,坚持实事求是、一分为二的观点全面总结工作。对成绩要肯定,不可夸大其词;对不足之处也要反映出来,不可文过饰非。

总结带有规律性的东西。总结工作不是简单地罗列现象,堆砌资料,而要注意研究新问题、新情况、新特点,概括出新的特点,总结出带有规律性的东西出来。

③ 总结报告的一般格式

一般生产经营类农业项目在验收前只需完成相应的项目总结即可,但农业科技推广项目总结要同时提供项目实施工作总结和技术总结。

生产经营类农业项目总结。

重点是项目来源与合同任务、项目实施结果、实施项目的主要措施。有特色的内容都要总结进去,如,组建组织,落实人员,明确责任,落实项目实施地点,抓增产增收的关键技术及优先顺序,组织培训,抓技术落实等,对项目的评价与建议。从项目实施情况出发,结合项目的科学性、先进性、可行性,国家国民经济发展战略,农业的现状和条件,国家的要求和农民的意愿等方面的因素进行综合分析,提出今后发展的前景和建议,包括项目技术的进一步改进、提高和扩大,实施规模化、产业化以及应注意的问题等。

农业科技推广项目类工作总结。工作总结是对项目实施工作进行全面的总结,是纲领性的,重点对完成项目任务所采取的措施、使用的方法、存在问题及建议等进行阐述，农业科技推广项目其中也包括技术方面的内容，要对关键的、重要的部分进行总结，能全面准确地反映出项目的技术先进水平、实用性、科学性和效益的显著性。

农业项目工作总结内容及格式一般包括以下部分。

立项依据和意义。主要把项目来源和立项的重要作用交代清楚。交代完成项目任务的情况。凡是经过申请报批立项的项目都有明确的目标任务。总结时，首先要对照合同或任务书规定完成的指标，逐项检查，看项目实施结束，是否全面地完成和超额完成指标任务。或部分没有完成；或没有完成；或总指标完成，部分分项指标未完成；或总指标未完成，但有些分项指标完成情况良好。对指标完成与否情况，凡是合同书上已经规定的，一点也不能含糊，也没有迂回、调和之余地。完成的情况需用具体数字来说明。总体、大项完成情况用数字直接表述，小项可用表格式说明，对比多用直观图来表示。

对总结社会效益与生态效益的要求。合同书怎么规定就怎么进行，要完全按照合同书要求办，该定量的就用具体数据说明完成情况，不能定量的，按合同要求用准确的定性来说明完成的程度、水平和情况。

对分项指标的要求，如，分年度实施面积、范围、产量、产值指标、经济效益等，都应按合同要求进行。

项目的主要技术与改进，这部分内容提纲式的交代一下，留给技术工作总结全面阐述。

项目实施采取的主要措施。主要写项目得以顺利开展所使用的有效方法，包括技术措施、组织措施和资金、物资、设备的使用及管理情况。技术实施管理方面包括项目实施技术的来源与根据、适应性的试验、示范结果材料的说明、技术的改进、提高、发展与突破、实施技术路线、培训、咨询、指导、检查、服务与推广。组织管理方面包括组织形式、管理形式和管理方法。

农业项目实施的主要经验、问题和展望。

总结主要经验，应注意坚持实事求是，要有新意、创意和有新突破，要有充足的理论立论根据。

主要问题及改进意见。首先总结主观方面的问题，特别是经过主观努力可以达到，而没有积极努力；经过努力可以创造的条件而没有去认真地做以及工作的失误等。其次是客观上存在的问题，如，某些方面的技术路线、方案、措施、方法等有不完善的地方；外界自然条件，如，旱、涝、雹、病、虫灾害的影响；

投入不足、设施不全等。同时，提出改进的意见。改进意见，包括主观努力，对上级的建议，以及对有助于项目实施的建设性的意见。

工作总结的写作要求。要充分占有资料。在动笔前，先广泛占有各种资料，资料有序，避免零乱。要分析研究，提炼观点。

正确评估工作。用辩证唯物主义观点，坚持实事求是、一分为二的观点全面地总结工作。对成绩要肯定，不可夸大其词；对不足之处也要反映出来，不可文过饰非。

总结出带有规律性的东西。总结工作不是简单地罗列现象，堆砌资料，而要注意研究新问题、新情况、新特点，概括出新的特点，总结出带有规律性的东西出来。

农业科技推广类技术总结。技术总结是对所推广技术的情况、过程、发展、改进、提高进行全面的总结。着重于技术实施的路线、理论依据等可行性、先进性等方面的总结，是确定项目水平的重要依据。

农业科技推广项目技术总结内容及格式如下。

项目实施之前的基本情况。实施项目技术取得的成绩，反映在逐年推广规模、产量、质量和效益等各个方面。

项目实施技术的依据和意义，项目采取的技术路线。

实施中对项目技术的改进、提高与发展。主要写技术路线的提出缘由，以及对支撑该技术路线的试验数据进行周密分析，包括与技术相连接的操作技术的改进、提高。

经济效益分析。要求提供计算依据，并有详细的计算过程。

结论与建议。对完善和提高项目技术的建议等。

技术总结的写作要求如下。

分析素材，形成概念，要通过对大量资料的分析，把感性认识上升到理性认识，形成概念，体现出新的技术的学术水平。否则就会一般化，很平淡，使人感觉不到有什么新的、值得别人学习和效仿的东西。

突出重点和创新点。项目实施中的关键环节是什么，项目技术在实施过程中的改进、提高和创新是什么，应重点总结，不能简单地罗列资料，平铺直叙，要能总结出有规律性的东西来突出总结的主题。

反复推敲，形成观点。运用丰富的事实资料，揭示事物规律，在形成概念和观点的过程中，要反复推敲研究，使之具有充分的科学依据，不能盲目求新。

(2) 项目验收

① 验收的概念

农业项目的验收是项目下达单位或组织管理部门对项目承担单位实施工作完成情况的一种考核。验收过程实际上是签约双方最后一次履行应尽的义务。项目下达单位或组织管理部门将依据合同规定的条款逐条逐款地对考核项目完成情况进行检查。

② 验收的分类

验收主要有阶段验收和项目完成后的总体验收。对于周期较长的项目，内容有明显阶段性进展的项目，以及因季节限制的项目，为了使项目总体验收时简便、准确、直观和易于评价，经常在项目进行中间进行一部分内容的验收，这就是阶段总结。待项目全部完成之后，也就是提交项目完成报告后，由项目下达或管理部门组织有关专家和管理人员对项目进行总体验收。

③ 验收的依据

项目验收的依据是合同书或计划书等。

④ 验收的方法

现场验收。凡技术资料完整、效果明显的项目，经管理机构批准，可由项目主管部门或其委托单位，组织有关专家通过考察现场对项目承担单位实施项目的总体情况进行评价。这类项目一般重点解决大范围生产中遇到的难题，实施的目的是显著提高生产水平。因此，通过现场验收的方法只需要考察其在生产中的实际应用效果，准确、公正地对项目实施工作的结果作出评价。

会议验收。会议验收是指验收专家通过会议的方式，对项目承担单位提交的验收材料进行技术审查和评价。通过验收会议，验收专家对提交的材料、技术路线、组织措施、实施效果和技术创新等进行审查和评价，还可对项目实施工作全过程的技术档案进行必要的审查，以确定结果的真实性和可靠性。

(3) 项目评价

① 评价的原则

综合效益原则。综合效益原则是指在评价项目时必须对项目的经济效益、社会效益和生态效益进行综合评价。也就是要掌握这三个效益的统一，既要看到技术的先进性、实用性和实效性，也要考虑到经济合理的有效性和对环境的无害化；既要考虑生产者的利益，也要考虑对社会稳定和发展的作用，还要考虑生态平衡和环境友好。

坚持法律原则。一切农业项目都必须在法律的保护下开展，也必须在法律允许的范围内立项、开题、实施。项目实施者要认真学法、懂法、守法、用法和执法。评价时，要逐个依法护农、依法治农、依法建农。法律法规是检验农业项目的依据。

坚持实事求是原则。实事求是的原则贯穿于评价活动的整个过程，参与评价的人员，都应该对评价对象进行认真的现场考察，查阅有关资料，多看，多问，多想，多协商，听取相关各方面的意见，以便作出实事求是的结论。对不清楚的问题，应该把问题弄清楚；意见比较大的问题，应该分清问题的本末和轻重缓急；对根本性及重大问题应慎重评价，不宜强求一致，也可留待以后进一步研究，再作结论。

资料可比原则。对项目的评价，只有通过一定的比较才能作出结论，但是比较的事物之间必须有可比性，这样的比较才有价值和说服力，常用的比较方法有新技术与旧技术对比法，资料来源是否一致，统计口径是否一致，对比年限是否一致等。同时，还要在同类之间比，同一地区内比。

因地制宜原则。农业生产具有明显的地域性、严格的季节性和多因素的综合性，发展农业生产必须遵循自然规律。所以，从实际出发，评价项目是否因地制宜，也是项目评价的一条重要原则。

② 评价的内容

对项目目标的评价。对项目目标的评价主要是在项目实施有结果时进行的，并为新的目标决策奠定基础。但有些目标评价是在计划或合同执行过程中进行的，特别是当有些支撑条件发生变化时，可以组织专家、推广人员和管理人员进行评价，对原目标进行修正。

对项目实施效益的评价。对项目实施效益的评价主要是对项目取得的经济效益、社会效益和生态效益进行评价。在评价经济效益时，要实事求是地分析农民得到的纯收入、投入产出比、推广规模和推广周期等。在评价社会效益时，要注意是否促进了生产发展、改善了生产条件、提高了农民素质、改变了农民的观念和行为等。在评价生态效益时，要看是否污染了环境、是否节水、是否会造成水土流失等。

对项目实施结果的评价。对项目实施结果的评价是对项目实施工作的总体评价，包括资金的管理、物资的使用情况、推广组织保障、推广体系的建立、项目档案和推广方式方法的应用等。

③ 评价并形成意见

首先，对项目承担单位提交的项目总结材料进行充分的阅读和审查，根据资料分析结果，对照既定目标或标准，开展认真、充分的讨论。如果讨论中发生意见分歧，应抓住分歧点进行有针对性的讨论，直到意见基本统一为止。其次，在分析评估、统一意见的基础上，由评价小组（验收委员会）作出客观、公正、科学的评价结论，用文字形式确定下来，由评价小组（验收委员会）负责人或全体评价人员签字。

④ 评价的方法

农业项目的评价方法是指评价时所采用的专门技术。评价方法可以分成定量方法和定性方法两大类。定量评价方法。一是比较分析法。比较分析法是一种很简单的定量分析方法，一般是将不同空间、不同时间、不同技术项目、不同农户等的因素或不同类型的评价指标进行比较。相比较的评价指标既可以是总量指标，也可以是相对指标或平均指标。进行比较分析时，必须注意资料的可比性。二是综合分析法。综合分析法是一种将不同性质的若干个评价指标转化为同度量的并进一步综合为一个具有可比性的综合指标进行评价的方法。综合评价的方法主要有：关键指标法，即根据一项重要指标的比较对全局作出总评价；综合评分法，即选择若干重要评价指标，根据评价标准规定的计分方法，然后按这些指标的实际完成情况进行打分，根据各项指标的实际总分作出全面评价。三是定性评价方法。对农业项目进行评价，很多内容很难定量，而只能用定性的方法。就是把评价的内容分解成许多项目，再把每个项目划分为若干等级，按重要程度设立分值，作为定性评价的量化指标。

第三章　家庭农场的扶持政策

一、家庭农场相关的农业扶持政策

生产类政策

1. 农作物良种补贴

农作物良种是指经国家或省级农作物品种审定委员会审定、适合推广应用、符合农业生产需要和市场前景较好的农作物品种。财政补贴的农作物品种包括水稻、小麦、玉米、大豆、油菜、棉花和国家确定的其他农作物品种。良种补贴标准为:早稻、小麦、玉米、大豆和油菜每亩10元,中稻、晚稻和棉花每亩15元。水稻、玉米、油菜采用现金直接补贴方式。良种补贴标准如有调整则按新标准执行。

良种补贴资金的补贴对象是在农业生产中使用农作物良种的农民。良种补贴范围是国家规定补贴品种的种植区域。良种补贴资金发放实行村级公示制,公示的内容包括农户良种补贴面积、补贴品种、补贴标准、补贴资金数额等。乡镇级农业管理机构、财政所组织村级公示,公示时间不少于7天。公示期间,听取农民群众的意见,接受群众监督,发现问题及时纠正。

2. 粮食生产补贴

(1) 粮食最低价格收购。国家为保护农民利益、保障粮食市场供应,在粮食主产区执行具体的粮食品种和最低收购价格的政策,由国家发改委公布收购的粮食品种和最低价格,有关粮食产区的省级人民政府执行,不是全国统一执行的政策。最低收购价格一年一定。2014年,国家发改委等六部门印发了《2014年小麦最低收购价执行预案》。河南省白小麦、红小麦和混合小麦的最低收购价格均为每市斤1.18元。

(2) 粮食直补。从2004年起，国家在全国范围内将补贴在粮食流通环节的资金拿出一部分直接补贴给种粮农民的惠农政策即为粮食直补。直接补贴的标准，按照能够补偿粮食生产成本并使种粮农民获得适当收益，有利于调动农民种粮积极性、促进粮食生产的原则确定。直接补贴办法可以按粮食种植面积补贴，可以与种粮农民出售的商品粮数量挂钩。按照公开、公平、公正的原则，把对种粮农民直接补贴的计算依据、补贴标准、补贴金额逐级落实到每个农户，并张榜公布接受农民监督。

粮食直接补贴具体实施方案由省级人民政府制定。河南省财政厅《关于做好2014年粮食直补和农资综合补贴资金兑现工作的通知》指出，2014年粮食直补标准为19.1元。

(3) 农资综合直补。国家为弥补种粮农民因柴油、化肥、农药、农膜等农资价格上涨带来的生产成本增加而实行的一种直接补贴政策。农资综合直补资金由中央财政安排，原则上按照种粮面积核定金额兑补，具体由省级人民政府根据本地实际情况确定。农资综合补贴实行全省统一补贴标准，亩均96.74元，任何单位和个人不得擅自调整。粮食直补和农资综合补贴从2014年2月20日开始发放，通过财政惠民补贴资金“一卡通”兑现到农户。

3. 测土配方施肥和病虫害防治补贴

(1) 测土配方施肥补贴。为了帮助农民能够科学合理地用肥、施肥，减少农民盲目施肥和过量用肥，提高肥料的利用率，2005年起，国家安排专项资金对项目县进行测土配方施肥补贴政策。国家安排的测土配方施肥专项资金是补贴给承担测土配方施肥任务的农业技术推广机构和加工配方肥料的企业，补贴用于测土、配方、配肥等环节所发生的费用和土壤采样、分析、化验、配肥设备购置费用。农民请农业技术推广机构和加工配方肥料的企业进行测土、配方全部免费服务。农民不能享受财政测土配方施肥补贴。

(2) 病虫害防治补贴。农区发生的传染性强、对农业生产造成严重损失的重大病虫害，可以得到中央财政农作物病虫害防治专项资金补助。病虫害防治专项补助资金用于防治所需农药、机动喷雾(烟)机、燃油、雇工和劳动保护用品支出的补助。一般不直接补助给农民。

4. 现代农业生产补贴

中央财政现代农业生产发展资金通过地方各级财政部门，采取贷款贴息、以奖代补、以物代资、先建后补等多种形式支持各地优势特色农业发展，促进粮食等主要农产品有效供给和农民增收。中央财政现代农业生产发展资金围绕粮食等优势主导产业，进行重点支持。各省财政部门根据中央财政下发的立项指南和资金控制规模，结合当地现代农业发展实际，会同同级相关部门，自主确定资金使用的方向和支持的重点环节，编制立项和资金申请报告，并附项目实施方案报财政部备案。浙江省重点扶持粮油、蔬菜、茶叶、果品、畜牧、水产养殖、竹木、花卉苗木、蚕桑、食用菌、中药材等。

县级财政部门会同农业等有关部门，根据省下发的立项指南和资金控制指标，结合当地现代农业发展目标和总体规划，选择重点支持环节，落实项目实施单位，按照立项和资金申请报告的要求，编写产业发展项目实施方案，联合上报省财政和省农业部门。地方财政部门对农业龙头企业的支持，必须遵循以农民为受益主体的原则，只对直接带动农民增收的农产品生产基地的生产环节给予支持，单个农业生产龙头企业支持额度超过100万元的，必须在项目实施方案中单独列示资金补助方式及资金的具体用途。

5. 农业科技推广示范项目补贴

农业科技推广示范项目专项资金主要补助应用农业科技手段、推广新技术发展农业生产、增加农民收入和社会效益、具有起示范推动作用的项目。包括农作物、畜禽、水产品优良新品种繁育与农业高效高产技术项目，农产品加工、保鲜技术项目，重大动植物病虫防治技术项目，农业资源综合开发利用技术项目、节水农业和农业生态环境保护技术项目，适用农机和农业信息化技术项目等。

农业科技推广示范项目实施单位应有承担项目研究与推广的技术和经济能力，规定农业技术研究推广机构、农业企业、农民合作经济组织、行政村可以成为申报补助的主体，申请财政专项资金的补助，农民个人不能单独申请农业科技推广示范项目专项资金。

项目实施单位在申报农业科技推广示范项目时，要具有下列目标要求。

(1) 示范项目要与当地农业结构战略性调整、农业可持续发展、增加农民收入和推动农业产业化经营相结合。

(2) 体现区位优势。按照合理区域布局要求，确定开展技术示范的主导产业。

(3) 形成示范能力。项目建设后，项目区生产设施、生态环境和技术推广应用条件要有明显改善,具备开展技术示范的能力。

(4) 示范推广先进实用技术。要依托农业科技部门,进行农业新品种、新技术、农业标准化生产的示范推广。

6. 林业补贴

退耕还林补助。对现行退耕还林粮食和生活费补助期满后,中央财政安排资金,继续对退耕农户给予适当的现金补助,解决退耕农户当前生活困难的问题。各地可结合本地实际,在国家规定的补助标准基础上,再适当提高补助标准。

建设类政策

1. 农业综合开发补助

产业化经营财政补助。财政补助资金使用范围:一是种植基地项目,主要用于种苗繁育、经济林及设施农业种植基地所需的灌溉设施、农用道路、输变电设备及温室大棚、质量检测设施,新品种、新技术的引进、示范及培训等;二是养殖基地项目,主要用于种畜禽和水产种苗繁育及畜禽和水产养殖基地所需的基础设施、疫病防疫设施、废弃物处理及隔离环保设施、质量检测设施,新品种、新技术的引进、示范及培训等;三是农产品加工项目,主要用于与技术改造、产品升级和废弃污染物综合利用等相配套的设施设备,质量检验设施,卫生防疫及动植物检疫设施,引进新品种、新技术,对农户进行培训等;四是储藏保鲜、产地批发市场项目,主要用于农副产品市场信息平台设施,交易场所、仓储、保鲜冷藏设施,产品质量检测设施,卫生防疫与动植物检疫设施,废弃物配套处理设施等。

2. 农田水利建设补贴

(1) 小型农田水利建设补助。小型农田水利建设补助资金,简称小农水资金,是指由中央财政预算安排的,采用"民办公助"方式,支持农户、农民用水合作组织、村组集体和其他农民专业合作经济组织等,开展小型农田水利设施建设的补助资金。主要用于支持重点县建设和专项工程建设两个方面。专项工程建设方面重点支持雨水集蓄利用、高效节水灌溉、小型水源建设,以及渠道、机电泵站等其他小型农田水利设施修复、配套和改造。资金安排上实行"民办公助"政策,财政只对建设项目的材料费、设备费、施工机械作业费等给予补助。

(2) 节水灌溉财政贴息。节水灌溉贷款中央财政贴息资金主要用于各类银行(含农村信用社)发放的渠道防渗灌溉、管道输水灌溉、喷灌、微灌等节水灌溉工程及相配套的节水灌溉措施,节水灌溉水源工程及相配套的设施设备,集雨节灌等节水灌溉项目建设银行贷款的利息补助。具有还款能力的地方水管单位、农户、农民合作组织、村组集体等,都可以按规定要求申请节水灌溉贷款贴息。

流通类政策

1. 鲜活农产品“绿色通道”补贴

驾驶员驾驶装载运输鲜活农产品的车辆经过收费站时,应走标有统一指路标志的“绿色通道”专用道口,并出示《绿色通道通行证》。装载鲜活农产品的车辆在“绿色通道”上免费行驶通行要符合下列条件:

(1) 装载的是《鲜活农产品品种目录》内的鲜活农产品。

(2) 整车全部装载鲜活农产品,即装载鲜活农产品应占车辆核定载重量或车厢容积的80%以上,且没有与非鲜活农产品混装等行为。

鲜活农产品是指新鲜蔬菜、水果,鲜活水产品,活的畜禽,新鲜的肉、蛋、奶等。畜禽、水产品、瓜果、蔬菜、肉、蛋、奶等的深加工产品,以及花、草、苗木、粮食等不属于鲜活农产品范围,不适用。

2. 畜牧业补贴

(1) 能繁母猪补贴。能繁母猪补贴程序是:乡镇现场调查,县(市、区)汇总核查并经分类公示无异议后,上报省农业厅、财政厅。经省农业厅、财政厅核实无误后,财政厅将省级补贴资金下拨各县(市、区)财政部门,然后由各县(市、区)财政部门对外张榜公示,并经县财政部门会同有关部门核实后将省级补贴资金与县配套资金,通过“一卡通”等结算方式直接兑现到农户(场)。

(2) 生猪标准化养殖补助。生猪标准化养殖项目财政补助资金主要支持建设粪便污染处理,猪舍标准化改造,水、电、路、防疫等配套设施建设。

项目申请单位的条件如下:

① 实行人畜分离,集中饲养,封闭管理。

② 符合乡镇土地利用总体规划,不在法律法规规定的禁养区内。

③ 经改造后猪粪污染集中处理、达标排放,实行饲养标准化。

④ 优先支持农民专业合作组织的规模养殖场(小区)。

同时,年出栏 500 头以上的标准化规模养殖场可根据相关部门的要求申请补助。

(3) 畜牧业综合优惠。具体有以下几项:

① 动物疫病强制免疫。国家对高致病性禽流感、牲畜口蹄疫、高致病性蓝耳病、猪瘟等 4 种动物疫病病种,在每年春季、秋季开展两次强制免疫,平时根据补栏情况随时补免。规模饲养场户在兽医部门指导下由本场技术人员进行,农户分散饲养的畜禽由村级防疫员上门服务。

② 动物强制免疫疫苗费用。动物强制免疫疫苗由政府免费提供,兽医部门负责供应,养殖场或养殖户不用付费。免疫后发放免疫证明,对猪、牛、羊佩戴耳标,也不收取任何费用。强制免疫疫苗经费全部由中央财政和地方各级财政承担。

③ 禽流感防治费用。根据地区差异和各地财政状况,中央财政对不同地区禽流感防治实行差别补助政策。禽流感疫苗经费按鸡 0.5 毫升/只、鸭鹅 1 毫升/只,其他禽类按实际使用疫苗数量计算。疫苗价格暂按 0.2 元/毫升计算。强制免疫疫苗费用全部由国家负担,非强制免疫所需疫苗经费,由国家负担 50%,养殖户负担 50%。禽流感扑杀补助经费由中央财政与地方财政负担,扑杀补助标准为:鸡、鸭、鹅等禽类每只补助 10 元,各地可根据实际情况对不同禽类和幼禽、成禽的补助有所区别。

④ 动物疫病预防、控制和扑杀补偿。养殖场或养殖户因动物疫病预防和控制、扑杀的需要,被政府强制扑杀的动物、销毁的动物产品和相关物品所造成的损失,由县级以上人民政府给予补偿,中央财政一般补偿 60%,地方财政补偿 40%。各地具体补偿标准不完全一致。

3. 油价补贴

国务院于 2008 年决定实施石油价格和税费改革后,从 2009 年起对种粮农民因当年成品油价格变动引起的农民种粮增支,继续纳入农资综合直补政策统筹考虑给予补贴,对种粮农民综合直补只增不减。

当国家确定的成品油出厂价,高于 2006 年成品油价格改革时的分品种成品油出厂价(汽油 4400 元/吨、柴油 3870 元/吨)时,才给予油价补贴,低于上述价格时,停止补贴。种粮农民补贴,实行考虑柴油、化肥等生产资料涨价因素的综合直补办法解决,油价补贴包含在农业综合直补中,不单独补贴。

专项类政策

1. 农业税收优惠

(1) 废止的农业税收政策。国家为了减轻农民负担,让农民得到真正的实惠,废止了相关税收政策:种粮农民自2006年1月1日起,不再缴纳农业税;2006年2月17日后,农民销售自产的农业特产收入不用再缴纳农业特产税;农民屠宰自养的猪、牛、羊等不用再缴纳屠宰税。

(2) 农业服务收入免税范围。农民从事农业机耕、排灌、病虫害防治、植物保护、农牧保险以及相关技术培训业务收入,家禽、牲畜、水生动物的配种和疾病防治收入,免征营业税。同时,国家规定,纳税人单独提供林木管护劳务行为的收入中,属于提供农业机耕、排灌、病虫害防治、植保劳务取得的收入,免征营业税。

(3) 经营项目免税范围。按照规定,农业企业从事农、林、牧、渔业项目经营所得可以免征、减征企业所得税。

① 农业企业从事蔬菜、谷物、薯类、油料、豆类、棉花、麻类、糖类、水果、坚果的种植,中药材的种植,林木的培育和种植,牲畜、家禽的饲养,农作物新品种的选育,林产品的采集,灌溉、农产品初加工、兽医、农技推广、农机作业和维修等农、林、牧、渔服务业项目,远洋捕捞项目的所得,免征企业所得税。

农产品初加工按规定,自2008年1月1日开始执行,包括种植业、畜牧业、渔业等三大类,列举粮食初加工等30多项农产品初加工类别,涉及若干个产品200多道工艺流程。

② 农业企业从事花卉、茶以及其他饮料作物和香料作物的种植、海水养殖、内陆养殖项目的所得,减半征收企业所得税。

2. 农业保险补贴

(1) 种植业保险。提供保费补贴的大宗农作物包括玉米、水稻、小麦、棉花、大豆、花生、油菜等油料作物以及根据国务院有关文件精神确定的其他农作物。在上述补贴险种以外,财政部提供保费补贴的地区可根据本地财力状况和农业特色,自主选择其他种植业险种予以支持。享受财政种植业保险保费补贴要符合两个基本条件:一是种植的农民要在财政确定的补贴区域内种植农作物;二是农民种植的农作物是财政指定的保费补贴品种。保险区域以外的或财政补贴品种以外的农作物保险保费不能享受财政补贴。

农民参加保险，对于补贴险种，财政部门至少补贴 60%，其中，省级财政部门补贴 25%，财政部补贴 35%，其余保费由农户承担，或者由农户与龙头企业、地方财政部门等共同承担。浙江省水稻种植保险对象为面积 20 亩及以上的种植大户、农业龙头企业、农村经济合作组织、农民专业合作社等；保障范围为台风、暴风雨、洪水、雪灾和主要病虫害等造成的灾害；保险金额为每亩 400 元或 600 元，其中各级财政给予 93%的保费补助，投保农户根据应该承担的比例缴纳保费。

因人力无法抗拒的自然灾害，包括暴雨、洪水（政府进行的蓄洪除外）、内涝、风灾、雹灾、冻灾、旱灾、病虫害、鼠害等，对投保农作物造成的损失都可以得到保险赔偿。

农民在参加政策性农业保险后，要取得正常赔款，应当履行保险合同所约定的保险义务。平时要加强田间管理，按照农业技术部门的要求，做好病虫害预防。在灾害来临之前，要按照政府职能部门和保险公司的要求，认真做好防灾防损工作，积极施救，降低灾害损失。否则，保险公司会根据因为保户未尽到合同约定的保险义务，导致损失发生或扩大的理由而减少赔款或拒绝赔款。

（2）养殖业保险。养殖业保险保费补贴对象是政府确定的特定品种的养殖业保险补贴地区投保的农户、养殖企业、专业合作经济组织。养殖业保险保费财政补贴范围按补贴品种和补贴地区确定。补贴品种为能繁母猪和奶牛，补贴标准为能繁母猪保险费的 80%，奶牛保险费的 60%。还可选择其他养殖业险种予以支持，在符合国家有关文件精神的基础上，地方财政部门的保费补贴比例由省级财政部门根据本地实际情况确定。

因发生重大病害、自然灾害和意外事故所导致的投保养殖品种直接死亡所造成的损失，由保险公司负责赔偿。

① 重大病害包括：能繁母猪的猪丹毒、猪肺疫、猪水泡病、猪链球菌、猪乙型脑炎、附红细胞体病、伪狂犬病、猪细小病毒、猪传染性萎缩性鼻炎、猪支原体肺炎、旋毛虫病、猪囊尾病、猪副伤寒、猪圆环病毒病、猪传染性胃肠炎、猪魏氏梭菌病、口蹄疫、猪瘟、高致病性蓝耳病及其强制免疫副反应；奶牛的口蹄疫、布鲁氏菌病、牛结核病、牛焦虫病、炭疽、伪狂犬病、肺结核病、牛传染性鼻气管炎、牛出血性败血病、日本血吸虫病。发生高传染性疫病政府实施强制扑杀时，保险公司按正常赔偿额扣减政府扑杀专项补贴后的金额，对投保农户进行赔偿。

② 自然灾害包括：暴雨、洪水（政府进行的蓄洪除外）、风灾、雷击、地震、冻雹、冻灾。

③ 意外事故包括：泥石流、山体滑坡、火灾、爆炸、建筑物倒塌、空中运行物体坠落。

农民在参加政策性农业保险后，要取得正常赔款，应当履行保险合同所约定的保险义务。平时要按畜牧部门和保险公司的要求，做好防疫、配种、妊娠等记录，建立健全和执行防疫、治疗的各项规章制度，在保险畜禽发病后要及时医治，做到早报告、早隔离、早治疗。否则，保险公司会根据因保户未尽到合同约定的保险义务，导致损失发生或扩大的理由而减少赔款或拒绝赔款。

（3）保险索赔规定。当发生保险责任范围内的灾害事故时，参保农户要做好下列相关工作。

① 在第一时间，通过保险公司的服务热线电话进行报案，也可以直接向保险公司委托的政策性农业保险服务站或保险服务代理员报案。

② 在保险公司查勘人员到达现场之前，要尽量保护好现场不受破坏，当被保险的财产仍处于危险之中时，要立即组织施救以减少损失。

③ 协助保险公司查勘人员做好定损理赔工作，在保险理赔人员的指导下，填写出险及理赔通知单、损失确认单等，说明事故发生的原因、经过和损失情况，协助理赔人员现场清点和定损。

④ 积极提供赔款必备的相关部门证明材料，如果畜禽疫病死亡，需要当地畜牧部门出具病因证明，并要提供按时接种的证明材料。

⑤ 在办齐相关赔偿手续、达成赔偿协议后，持保险单和保户的营业执照、法人代码证、个人身份证等办理赔款的必要证件向保险公司申请赔付。保险公司按照约定赔付时限，一般会在 5 个工作日内将赔款付给农户。

二、农村扶持政策

1. 农村土地政策

土地承包经营权的流转是农村的土地政策。土地承包经营权流转是伴随农村劳动力转移和农村经济发展的长期历史过程，反映了农地合理利用和优化配置的需要，是联结承包农户与规模经营主体、发展多种形式适度规模经营的重要渠道和纽带。国家高度重视农村土地承包经营权流转，相关法律政策主要有以下内容。

（1）流转前提。确保家庭承包经营制度长期稳定，落实和明晰土地承包经营权是进行土地承包经营权流转的前提。

（2）流转主体。流转的主体是承包方，承包方有权依法自主决定土地承包经营权是否流转和流转的方式，任何组织和个人不得强迫或阻碍承包方进行土地承包经营权流转。

（3）流转原则。土地承包经营权流转要遵循平等协商、依法、自愿、有偿原则，流转期限不得超过承包期的剩余期限，受让方须有农业经营能力，在同等条件下本集体经济组织成员享有优先权。

（4）流转底线。土地承包经营权流转不得改变土地集体所有性质，不得改变土地用途，不得损害农民土地承包权益。

（5）流转方式。国家允许农民采取转包、出租、互换、转让、股份合作等方式流转土地承包经营权。采取转让方式流转的，应当经发包方同意；采取转包、出租、互换或者其他方式的，应当报发包方备案。土地承包经营权采取互换、转让方式流转，当事人要求登记的，应当向县级以上地方人民政府登记。通过招标、拍卖、公开协商等方式承包农村土地，经依法登记取得土地承包经营权证或者林权证等证书的，可以采取出租、互换、转让、入股、抵押等方式流转。

（6）流转机制。土地承包经营权流转机制是市场，禁止不顾条件，采取下达指标等行政手段推动土地承包经营权流转。国家鼓励和支持各地加强土地承包经营权流转管理和服务，按照产权明晰、形式多样、管理严格、流转顺畅的要求建立健全土地承包经营权流转市场，培育家庭农场、专业大户、农民专业合作社等规模经营主体，发展多种形式的适度规模经营。

2. 沼气建设政策

（1）农村户用沼气和沼气服务网点设施建设项目

以户为单位的户用沼气，每户按“一池三改”（一个沼气池，改厨、改厕、改圈）建设，总投资4000元，项目投资由中央、地方、农户共同承担。中央财政每户补助1000元，主要用于沼气池、灶具建设及技工工资等。

一般每个乡村沼气服务网点配置一套进出料设备（农用三轮车、粉碎机、真空泵和沼液储罐等）和一套甲烷检测仪器、一套维修设备等。中央财政每个网点的补助标准为0.8万元，用于购置部分进出料设备，其余由地方配套或服务网点或个人承担。

（2）养殖小区和联户沼气建设项目

养殖小区集中供气工程是指在人畜分离、实行小区集中养殖的村，以畜禽粪便污水为原料，建设沼气集中工程，向附近农户提供沼气，以供气 50 户为基本建设单元，主要建设内容包括沼气发酵池、原料预处理、沼气供气和沼肥利用设施等。联户沼气工程分秸秆原料型和畜禽粪便原料型。秸秆原料型是指在不养殖或秸秆资源丰富的地区，以秸秆为发酵原料，建设沼气集中供气工程，向不养殖农户供气。一般以供气 5 户的沼气工程为基本建设单元，主要建设内容包括沼气池、贮气柜、沼气通道、灶具、粉碎机、预处理池等。畜禽粪便原料型是指以养殖农户为核心，以相邻几户为单元，建设沼气池，配套进行改厕、改厨，养殖改圈，通过输气管道实现集中供气，主要建设内容包括沼池、贮气柜、沼气管道、灶具等。中央按集中供气农户数量予以适当补助。2008 年，养殖小区集中供气沼气工程和畜禽粪便型联户沼气工程，按不超过户用沼气补助标准的 120％予以补助；联户秸秆沼气工程按不超过户用沼气补助标准的 150％予以补助。

（3）规模养殖场大中型沼气工程项目

规模养殖场大中型沼气工程是指出栏 3000 头以上的养猪场、存栏 200 头以上奶牛或出栏 500 头以上肉牛的养牛场建设的大中型沼气工程。要求养殖场具有独立法人资格，运营情况良好，能按要求落实工程建设所需配套资金和自筹资金。从 2009 年起，国家进一步鼓励发展大中型沼气工程，并根据发酵装置容积大小和上限控制相结合的原则确定中央补助数额。大中型沼气工程中央补助数额原则上按发酵装置容积大小等综合确定，补助项目总投资的 25％，总量不超过 100 万元。对于具有新技术、新工艺的特殊项目，中央补助可适当提高。同时，地方政府也应加大对大中型沼气工程建设的支持力度，原则上对于申请中央补助的项目，地方政府投资不得低于项目总投资的 25％。

第四章 家庭农场的经营

一、农场主应具备的能力

经营有风险，对农场主来说，必须具备一些基本的素质和能力，并不是所有的人都适合进行家庭农场经营。而现实中，大量的农村劳动力对企业知识缺乏了解，企业管理能力较差，经营时盲目性大，结果是开得快，关得也快，损失惨重。同时，农场主在选择发展项目时也存在着盲目性，没有考虑到立足本地实际、结合自身特点及拥有的专业技能与所能支配的资源，选择的项目不适合自己，结果就可想而知了。

2014 年的中共中央“一号”文件，带动了中国家庭农场的热潮，全国各地不断出现家庭农场。但未来的家庭农场主并不是有钱就能做，家庭农场的持续发展，关键在于家庭农场主的素质和能力。家庭农场主如果去经营几百亩甚至上千亩土地，必须在农业方面是专业化和职业化的，具有对农业的机械操作和农作物信息的掌握、生产资料、种植技术、农产品价格信息等各方面资源的整合的能力和素质，这样土地价值才会最大限度地得到体现，家庭农场的利益才能保障。在家庭农场的发展道路中，农场主要学会真正能够尊重这片土地，将自己身心与地气儿对接，完成从身份到身心的转型，推进由“农户制”向“农场制”转变。

在家庭农场的诸要素中，要求家庭农场主必须是以农业生产、经营或服务作为主要职业，经营规模在相当水准以上，且具有一定经营管理能力的职业农民。一个合格的家庭农场主要有专业的农业知识与更超前的商业眼光，把握市场信息，否则，家庭农场模式或许会因为没有合格的农民而夭折。

1. 良好的自我学习能力

所谓学习能力，通俗地讲就是指获取知识、增长才干的本事。经营家庭农场需要学习多方面的知识，与传统小农只专注于生产不同，家庭农场主要求必须是具有较高的素质的新型职业农民。农场主得有自我学习意识，切实做到想学、真学、能学。还要掌握学习的方法，切实做到会学、学好。要克服“工作忙没时间学”的思想观念，重视知识的更新，树立终身学习的意识，自觉地增长知识，又要不断更新知识，创新学习。

学习的目的在于运用。学习运用与运用学习则是最为重要的学习能力。成功的农场主以家庭农场生产经营中急需的内容为中心，按照“需什么、学什么，缺什么、补什么”的原则，着眼于新的实践和发展，切实解决在生产经营管理中存在的实际问题。学习能力高低直接影响农场主市场信息的获取、新技术的应用、经营决策的正确性及农场经营的成败。因循守旧、墨守成规的老式农民，在激烈的市场竞争中是很难立足的，作为新型家庭农场经营者，要与时俱进，勤学习，购买相关的书籍和订阅有关报刊，这样你才能学习掌握更多的知识和信息，最大限度地把握生产和销售的主动权。

此外，还要经常自我反省。反省的过程，就是学习的过程。有没有自我反省的能力，具不具备自我反省的精神，决定了农业经营者能不能认识到自己所犯的错误，能不能改正所犯的错误，是否能够不断地学到新东西。

2. 经营管理能力

经营管理能力是家庭农场经营者成功的保障，是家庭农场可持续良性发展的核心能力，是解决家庭农场生存问题的第一要素。面对激烈的市场竞争，善于经营强化管理，以管理促进经营，才能把家庭农场做大、做强。经营管理能力的提高是家庭农场投资赢得利润的关键。一个好的项目让一个缺乏经营管理能力的人去做，亏损的概率必定很大。要成为一个合格的农场主，不仅要有资金，还要懂技术以及具备与众不同的经营思路。

（1）农场主要会经营

会经营是指农场主具有较强的市场意识，自觉获取市场信息，并使用所获取的信息来安排各种生产经营活动，能熟练运用竞争机制、价格机制、供求机制等市场机制参与竞争，为获得更多的利润创造条件。家庭农场的经营要关注4个要素：市场、产品和服务、资源，以及为完成前3项任务而配备的人员结构。

市场是交易活动的主要场所，是顾客及各种供应商的集合地，也是对农场成果做最终鉴定的唯一场所。你的经营成功与否，不是哪个人说了算，而是市场说了算。市场构成包括3个要素:市场=人口×购买力×购买动机(欲望)。

人口是基本要素,一般情况下,人口越多,潜在的消费需求越大;购买力水平的高低决定市场容量的大小,如发达与不发达地区;购买动机是将购买力转化为购买行为的催化剂。作为农场经营者必须研究市场三要素,以此来确定生产结构。

产品和服务是农场竞争力的保证,提供优质的产品和良好的服务以满足市场需求,是家庭农场持续经营下去的承载体。

资源。资源包括这样一些内容。你能够干什么——主观资源:你能干什么,你有什么经历和背景,有什么关系,有什么特长等;你具备什么条件——客观资源:技术、场地、设备、资金等;你喜欢干什么——你的个人兴趣。资源可以帮助你考虑做什么或不做什么,做到哪种程度,一般来说,资源应与农场的发展思路相匹配。

人员配备。为实现目标需要相应人员去执行,对于家庭农场来说主要是家庭内部成员如何分工及雇用工人的数量,任务分配要充分考虑每一个家庭成员的能力与特点。

(2) 农场主要善管理

管理创造效益,企业的本质是追求经济效益。企业倒闭的原因有千条,其中,最重要的一条是管理有漏洞、不到位;成功企业的经验有千种,归根结底是管理得法、管理措施落实到位。重视管理,完善管理,向管理要效益已成为企业永恒的主题。管理工作做得好,就能把单位的人、财、物合理结合起来,就能以尽可能少的时间达到最佳的工作效果;管理工作做得好,就能人尽其才,不但用尽可能少的人做更多的工作,而且能使每一个人都心情愉快。作为家庭农场主,要善于管理,就是要树立科学管理的意识,善于运用计划、组织、协调、控制等管理的职能,制定农场的各项管理措施,建立家庭农场的各项规章制度,精益求精,规范化、制度化地进行农场的运行,实现以最少的投入获取最大的效益。

(3) 专业技术与创新能力

技术是农业生产的基础,经营农场不能光靠一身力气和干劲,农场主自己要懂生产技术,善于创新,推出特色的产品和服务。先进的技术是产品质量的保障,产品质量的优劣,已不仅仅是传统意义上的物美价廉、经久耐用,而且要求产品具有较高的科技含量,紧跟市场需求,开发出能满足不同消费者群体的产品。如，传统粮食生产主要是满足人的需要即口粮，但随着生活水平的提高，人们的饮食需求结构发生了显著变化，禽、蛋、奶、肉类在人们的日常生活中占据相当一部分，动物对粮食的需求远远超过人类，而且随着工业的快速发展，石油资源的加速耗竭，从植物提炼石油成为重要的渠道之一。为此，作为农场经营者，必须能根据市场需求状况的变化，选择合适的农业技术，能生产出技术含量不同的有针对性的农产品，这对于农场的未来发展意义重大。

创新是知识经济的主旋律，是企业化解风险和取得竞争优势的有效途径，创新能力对家庭农场的可持续经营至关重要，唯有不断创新，在市场竞争中做到人无我有，人有我优，人优我周，人周我廉，人廉我转，才能占据优势，获得主动性。有创新思维，无思维定式，不墨守成规，能根据客观情况的变化，及时调整经营策略，闯出新路子。搞农业最怕的是盲目跟风，一哄而起。只有通过独特创意，开发出“人无我有”的特色农业，农场才能增收增效。

3. 沟通协调能力

沟通是人与人之间通过一定的方式相互传达与了解有关信息、理念和意见，并达成共识的过程。沟通并不是一种本能，而是一种能力。也就是说，沟通不是人天生就具备的，而是在生活、工作实践中培养和训练出来的。一个人的成功要靠集体的力量，没有别人的帮助，仅靠个人单干，事业是很难成功的。沟通促进了解，正如人体内的血液循环一样，如果流通不畅，机体就会衰亡，企业缺乏沟通会造成经营不善。有句广告语说得好：“沟通无限，商机无限。”协调提高效率，企业内部和谐创造发展的动力，外部和谐会提供良好的生存和发展环境。组织内经常因目标不一致而出现矛盾、冲突，这就需要管理者通过协调加以解决。协调最基本的手段就是加强信息沟通。因此，能否具有较强的沟通能力和协调能力，对工作的顺利开展有着直接影响。实践表明，没有沟通协调，就没有效率；没有沟通协调，就没有感情；没有沟通协调，各司其政；没有沟通协调，孤苦伶仃；没有沟通协调，故步自封。可见，提高沟通协调能力十分重要而迫切。

沟通协调能力是家庭农场主必备的能力。在实际工作中，要与多方面的人打交道，常常会遇到一些难题，要解决这些矛盾和问题，就必须进行沟通协调。创办、经营家庭农场面临诸多难题，对于家庭农场主来说要求很高，他需要与政府、普通农户、银行、农业企业等多方面的人员打交道，争取利益与资源，所以，农场主必须具有良好的沟通协调能力，沟通不好就无法达到目标。

农场主须与众多普通农户打交道，争取他们让出土地，与每一位农户签订租地契约，这不是一件容易事，处于各自利益的角度，协议的达成往往是很困难的，需要农场主具有良好的沟通说服能力；农场主还须争取政府的政策扶持、银行的贷款支持、农业企业的销售支持以及亲朋好友的感情与物质支持等。

一个成功的经营者，必须巧妙地协调好农场内外部关系，有效地排除人为的干扰因素，才不失为一个成功的经营者。

二、家庭农场的经营模式与策略

1. 家庭农场的经营模式

从各地家庭农场发展实践来看，目前，我国家庭农场的经营模式主要有以下 3 种模式。

(1) 家庭农场＋专业合作社模式

家庭农场＋专业合作社模式是一种以专业合作社为依托，将农业生产类型相同或相近的家庭农场集中在一起组成利益共同体，通过市场信息资源共享，农技农机统一安排使用，在农产品的产、供、销各个阶段，为社员提供包括资金、技术、生产资料、经销渠道等在内的社会化服务，实现农业产业化经营。这种模式使农业产业链得到充分延伸，最大限度地实现了农民集体的共同利益。例如，慈溪市宝绿专业合作社就是以家庭农场为主要成员，通过与周边村民开办的家庭农场联合起来，组成了一个大型的专业合作社。该合作社不仅为农场提供生产资料、技术培训、市场营销等方面的服务，而且通过统一包装、统一品牌，采用电子商务的家庭农场经营与管理等方式，建立起与大型连锁超市的合作，促进了家庭农场的快速发展和经济效益的提高。

这种模式有赖于专业合作经济组织的发展壮大，通过组织的力量为家庭农场提供各种社会化服务。2006 年，我国首部《中华人民共和国农民专业合作社法》出台，2008 年又进一步制定了《农民专业合作社的财务管理制度》，对专业合作社的创办、管理、运行机制等做了明确规定，使专业合作社的发展规范化、有序化，有法可依。据统计，到 2010 年年底，全国已有 2.4 万家农民专业合作社通过了农产品“三品一标”质量认证，2.56 万家合作社拥有了自己的注册商标。在家庭农场的基础上，大力发展农民合作社，可以充分发挥合作社“规模经济”与“聚集效应”的综合优势，获取单个小规模经营的家庭农场所没有的“合作收益”，为务农农民争取更多的经济收益。

（2）家庭农场＋农业龙头企业模式

家庭农场＋农业龙头企业模式是一种以家庭农场作为农业生产的单元，把家庭农场变为农业企业的生产车间，延伸企业的生产链条，即家庭农场与农业龙头企业结合起来，开展“订单生产”，使得农业生产的灵活性与农业龙头企业在资金、技术、管理上的优势结合起来，形成风险共担、利益共享的经济共同体，既发挥了家庭农场的规模优势，又实现了农业龙头企业的产业化效益。这种模式对双方都有好处。一方面，农业龙头企业作为一种农业生产的集约化组织，在农产品的收购、经销、加工及储存过程中发挥着很大的作用，不仅有利于节约企业的运行成本，在一定程度上还有利于杜绝原料生产及收购等环节上可能出现的投机风险，从而能够降低生产成本，保障企业能获得稳定可靠的原材料供给来源，提高生产效率和经营管理水平；另一方面，家庭农场按照公司的要求进行生产，生产结束后产品公司统一收购，农业经营者不用再寻找市场，节省了交易成本，提高了农产品的商品化率，实现了家庭农场与龙头企业双赢的局面。

实践中，龙头企业和家庭农场之间有以下几种联结方式。

合同订购。企业与家庭农场签订产销合同，明确规定收购农产品的质量标准、价格、时间、结算方式等，对完成任务好的，企业可每年拿出一定的资金予以奖励。

保护价收购。企业对家庭农场生产的农产品根据生产成本、市场行情制定最低保护价，让家庭农场获得平均利润。当市场价高于保护价时，按市场价收购。

建立服务体系。企业承担按优惠价格提供生产资料、免费进行技术指导、提供信息、提供低息或无息贷款、及时上门收购产品等产前、产中、产后系列服务，还可以把生产资料定时定量先期发放给家庭农场，待产品回收时扣还款项。

利润返还。企业将所获利润，按一定比例返还分配给家庭农场，以提高广大家庭农场生产和学习科技文化知识的积极性。

提供风险保障。对所有签订了合同的家庭农场，由企业出资投保，使家庭农场因自然灾害所受损失得到一定的补偿，解除其后顾之忧。

反租倒包。龙头企业先以向家庭农场租赁土地的方式，取得土地的使用权；再以新的条件承包给家庭农场。这种联结方式，企业承担更大的风险，但提高了对第一产业生产的调节、控制能力；家庭农场获得最基本的经济保障，从而能够使企业与家庭农场结成较紧密的产业一体化关系。

互相参股。家庭农场向龙头企业参股，或龙头企业以股份形式向开发新项目的家庭农场投资，以资金为纽带建立企业与家庭农场之间较紧密的产业关系。如，近年来广西壮族自治区贵港市一些养殖企业开始致力于"做服务"，先后推出"订单"和"合作"两种联结模式，供养殖户自主选择。这两种模式都与养殖户建立起紧密型利益联结机制，让养殖户无风险地持续稳定增收，迅速发展壮大成为家庭农场。农产品行情时涨时跌，市场不景气时，承担风险的龙头企业怎样消化亏损呢？通常的做法是：猪价鸭价不好，龙头公司照样保价回收，养殖这一块肯定受损失；这个环节的亏损，既可以通过产业链上游饲料环节的利润来弥补，又可以通过产业链下游加工环节的盈余来抵消；做长做全产业链，就能够有效化解市场风险。据调查，2011 年，广西壮族自治区养殖业龙头企业年销售收入超亿元的有 101 家，其中，超 10 亿元的有 13 家；这些重点龙头企业联结"紧密型"农户的方式，一是"订单"，二是"合作"，三是"股份"。其中，"订单"方式占 65.3%；"合作"方式占 16%；"股份"方式占 5.2%；其他方式占 13.5%。

(3) 家庭农场＋专业合作社＋农业龙头企业模式

在实际的生产经营过程中，为了获得更好的经济效益，家庭农场往往会充分利用专业合作社的集聚效应以及农业龙头企业的市场优势，实现三者的有机结合，也就形成了家庭农场＋专业合作社＋农业龙头企业的模式。在实际的运营中以专业合作社作为家庭农场的发言人和谈判者，就农产品的收购价格与方式，时间及产品质量等与农业龙头企业达成协议，签订合同，保障农户获得比较稳定的销路和收益。在这种框架下，合作社成为农民组织化的核心形式，也就更加有利于农户从合作社和所属企业中获得更多的利益。

嘉兴市海盐县沈荡镇就建立起"农业企业＋合作社＋家庭农场"的利益联结模式，以"订单"生产、"订单"销售的形式把家庭农场组织起来，通过与浙江万好食品有限公司和万好蔬菜合作社进行有效对接，将 20 家现代家庭农场与专业合作社和农业龙头企业联合起来，开展标准化生产，建立农产品质量追溯制度，推广市场营销理念，保障了家庭农场农产品的销路，实现了企业对加工原料的需求、合作社产品供应以及农场收入的稳定性。农场在生产前就与公司订立蔬菜购销合同，在种子供应、投入设施、采购等方面得到公司的帮助和供应优惠；在生产中，蔬菜专业合作社提供包括技术、管理、培训在内的多样化服务；在产后，公司以保护价收购农产品。这种模式比较适合于专业合作社在配套服务、技术支持等方面能力较弱的条件下，依托龙头企业，可以更好地实现家庭农场的规模优势，提高经济效益。

(4) 专业市场＋家庭农场

这种模式是以专业市场或专业交易中心为依托，形成商品流通中心、信息交流中心，带动区域专业化生产，实行产销一体化经营，从而扩大生产规模，形成产业优势，节省交易成本，提高运营效率和经济效益。其主要特点是，专业市场在农业生产经营过程中发挥枢纽作用，它上连专业生产基地或家庭农场，下接广大消费者和客户，拓宽了家庭农场农产品流通渠道。建立专业市场使农产品有专门的销售场所，使客户有专门的进货渠道。专业市场与家庭农场直接沟通，以合同形式或联合体形式，将家庭农场纳入市场体系。它以销定产，从而做到一个市场带动一个支柱产业，一个支柱产业带动千家万户，形成一个专业化区域经济发展带。此外，专业市场吸引了大量客户，带来了丰富的市场供求信息、技术信息，便于家庭农场主作出正确的决策。

这种模式具有广阔的发展前景。目前，出现这种形式的地区，市场发育比较完善，竞争充分，农民素质较高，有能力把握市场动向和保护自己的合法权益，批发商无法左右市场。如，山东省寿光蔬菜批发市场，土地面积 600 亩，年交易蔬菜 15 亿千克，成交额 28 亿元。该市场设施完善，配套机构健全，辐射力广，带动力强，是全国最大的蔬菜集散中心、价格形成中心和信息交流中心。从专业市场上，农场经营者能够快速便捷地获取市场信息，灵敏地作出反应。

2. 家庭农场的经营策略

(1) 高品质、低成本化策略

随着生活水平的不断提高，人们对农产品品质的要求越来越高，优质优价正成为新的消费动向。要实现农业高效，家庭农场经营必须实现农产品优质，实行“优质优价”的策略，把引进、选育和推广优质农产品作为抢占市场的一项重要策略。淘汰劣质品种和落后生产技术，打一个质量翻身仗，以质取胜，以优发财。

价格是市场竞争的法宝，在品质相同的情况下，哪种农产品价格低，竞争力就强。生产成本是价格的基础，只有降低成本，才能使价格竞争的策略得以实施。家庭农场要增强市场竞争力,必须实行低成本、低价格策略。领先新技术、新品种、新工艺、新机械。减少生产费用投入,提高产出率;要实行农产品的规模化、集约化经营,努力降低单位产品的生产成本,以低成本支持低价格,求得经济效益。

(2) 大市场、多品种化策略

家庭农场的经营要立足本地,关注身边市场,着眼国内外大市场,寻求销售空间,开辟空白市场,抢占大额市场。开拓农产品市场,要树立大市场观念,实行"大市场细分化"策略,定准自己产品的销售地域,按照销售地的消费习性,生产适销对路的产品。实施生产品种多样化策略,满足不同层次的需求。一个产品不仅要有多种品质,而且要有多种规格。要引进、开发和推广一批名、特、优、新、稀品种,以新品种,引导新需求,开拓新市场。要根据市场需求和客户要求,生产适销对路的产品,各种规格的产品。要实行"多品种、多规格、小批量、大规模"的经营策略,满足多层次的消费需求,开发全方位的市场,化解市场风险,提高综合效益。此外,人们的消费习惯正在悄悄变化,粮食当蔬菜吃,玉米要吃青玉米,黄豆要吃青毛豆,蚕豆要吃青蚕豆,猪要吃乳猪,鸡要吃仔鸡,市场上出现崇尚嫩鲜食品的新潮。家庭农场的经营应适应这一变化趋向,选择好生产品种和农产品上市的时机,这方面发展潜力很大。

(3) 反季节化策略

因农产品生产的季节性与市场需求的均衡性之间的矛盾带来的季节差价,蕴藏着巨大的商机。要开发和利用好这一商机,关键是要实行"反季节供给高差价赚取"策略。实行反季节供给,主要有三条途径:一是实行设施化种养,使产品提前上市;二是通过储藏保鲜,延长农产品销售期,变生产旺季销售为生产淡季销售或消费旺季销售;三是开发适应不同季节生产的品种,实行多品种错季生产上市。实施反季节经营策略,需要家庭农场建设或租用相应的设施,良好的物流管理,要在分析预测市场预期价格的基础上,搞好投入——产出效益分析,争取好的收益。

(4) 标准化、土特化、品牌化策略

现在市场上农副产品竞争非常激烈,但比起工业产品来说,农副产品在许多方面都有很大的发展余地。首先是标准化,大多数农副产品都没有清晰的质量标准以及质量控制体系。其次是品牌化,很少农副产品有著名的品牌,现在是建立农副产品品牌的最佳时机,这是很大的商机。最后是差异化,在选种上，在绿色农业上，在再加工上等方面，都可以差异化，从而形成自己独特的卖点。

为了提高竞争力，家庭农场应建立农业标准化体系，实行农产品的标准化生产经营。制定完善一批农产品产前、产中、产后的标准，形成农产品的标准化体系，以标准化的农产品争创名牌，抢占市场。现在，人们的消费需求从盲目崇洋转向崇尚自然野味，热衷土特产品，蔬菜要吃野菜，为此，家庭农场可搞好地方传统土特产品的开发，发展品质优良、风味独特的土特产品，发展野生动物、野生蔬菜，创建土特产产品品牌。加大宣传，树立公众形象，以势创牌；提升农产品的品位，以质创牌；搞好包装，美化农产品的外表，以面树牌；开展农产品的商标注册，叫响品牌名牌，以名创牌。

(5) 加工化策略

有条件的家庭农场，可进一步创办自己的农产品加工企业。生产初级产品往往价格低廉，利润薄，把初级产品进行再加工、深加工，会使农产品的附加值大大提高。发展以食品工业为主的农产品加工是世界农业发展的新方向、新潮流。据统计，世界发达国家农产品的加工品占其生产总量的 90%，加工后增值 2—3 倍；我国加工品只占其总量的 25%，增值 25%。我国农产品加工业发展潜力巨大。

三、家庭农场的经营项目

进入 21 世纪以来，发展现代农业成为我国新农村建设的首要任务，资源节约型、生态保护型农业成为现代农业的主要形式。家庭农场怎样选择农业创业项目，重要的不是项目的好坏，而是所选择的项目是否适合自己，是否与我国农业发展趋势相一致，只有顺应了产业发展的趋势，家庭农场的经营才会获得成功。

1. 农业项目

项目一般指同一性质的投资或同一部门内一系列有关或相同的投资，或不同部门内一系列投资，具体项目是指按照计划进行的一系列的活动，其目的是在不超过预算的前提下，在一定的期限内达成某些特定的目标。而农业项目是指通过增加人力、物力、财力和科技的投入，改善农业的生产条件，增加生产手段，提高综合生产能力，在预定的时间和空间范围内达到预期效益的一种扩大再生产的经济行为。

2. 农业经营项目的种类

归纳起来，家庭农场可以经营的项目种类主要有六种，它们之间又以现代农业服务业为中心联系起来，也就是说，农业各类经营项目离不开现代农业服务业。

(1) 设施园艺业

① 概念

设施园艺业又称设施栽培，是指在充分利用自然环境条件的基础上，在露地不适于园艺作物生长的季节(寒冷或炎热)或地区，利用特定的设施(连栋温室、日光温室、塑料大棚、小拱棚和养殖棚)，人为创造适于作物生长的环境，以生产优质、高产、稳产的蔬菜、花卉、水果等园艺产品的一种环境可控制农业。主要包括设施蔬菜种植、设施花卉栽培和设施果树栽培三个方面。

② 设施园艺业的特点

设施园艺业具有高投入、高产出、高附加值、高效益、高科技含量、高度市场性及生产的高度专业化和经营的产业化，其创建涉及多学科领域，技术性强，风险也比较大。设施园艺业需要大量的基础设施投入、精心的规划与设计，实现反季节生产，采用先进的农业技术，满足特定客户群体的消费。创办设施园艺家庭农场需要农场主具有从事设施栽培的专业基础，需要当地具有紧俏的花卉、大棚蔬菜等园艺产品市场，并具有适宜的土壤和水源等条件。

从设施条件的规模、结构的复杂程度和技术水平，可将设施园艺业分为四个层次：一是简易覆盖设施。主要包括各种温床、小拱棚等简易设施。其建造方便，造价低廉，主要用于作物的育苗和矮秆作物的季节性生产。二是普通保护设施。通常是指塑料大中拱棚和日光温室，是我国现阶段的主要农业栽培设施。三是现代温室。以玻璃或硬质塑料薄膜等为覆盖设备，由计算机检测和智能化管理系统控制，可以根据作物生长发育的要求调节环境，满足生长要求。四是植物工厂。设施农业设施栽培的最高层次，其管理完全实现了机械化和自动化。所需要的温、光、水、肥、气等均按植物生长的要求进行最优配置，完全摆脱了自然条件的制约。

③ 创办设施园艺类家庭农场的好处

调节市场供应，满足人们的生活需要。设施果树栽培一般能使北方果树的成熟期提早 50—100 天以上，延长鲜果的供应期，丰富了果品淡季的市场供应。草莓实现周年供应。北方地区利用果树栽培设施,还可以引种一些南方果树品种,丰富市场供应,满足人们的生活需要。设施园艺有利于人工控制环境条件,气温低,病虫少,用药少。果品实现优质新鲜无污染。果实的果形整齐、着色均匀、商品性状好。具有生产优质、无公害果品等优点。

充分利用土地和劳动力资源。建棚地方多,冬春农闲都可以进行生产,避免了劳动力资源的浪费,增加了农民的收入。

经济效益高。利用一些大型的高性能温室和大棚,并配合一定的栽培措施,还可以进行果树的一年两熟、一年三熟栽培,进一步提高产量和效益。可以扩大树种品种的栽培区域。

美化环境,拓展果树空间。可进一步发展观赏花果、都市农业、旅游观光。

(2) 规模种植业

规模种植业主要是指种植粮食等大田作物。家庭农场在现有的技术水平和生产手段下,集中人力、财力、技术及设备,通过土地流转,推进土地集中连片,进行规模化、科学化的种植,形成规模优势,提高综合竞争力。好处是简单易行,生产率显著提高。这种项目要求农场主有足够的号召力,能把土地集中,且具有良好的种植技术、管理水平和市场意识。

案例:柳学友的万亩“家庭农场”

河南省信阳市息县彭店乡农场主柳学友的“家庭农场”迎来了春耕时节,喷药、浇水、施肥,工人们忙碌得井然有序。记者来到这个“家庭农场”,探访柳学友在黄土地上从一个普通农民到种粮大户、又发展成万亩农田家庭农场主的草根故事。

早在10年前,柳学友看到村里不少耕地撂荒,就承包了村里几十亩荒地。随着政策支持力度加大,柳学友步子快了,胆子大了,承包规模逐年扩大,如今已流转土地16000多亩,占息县全县耕地的百分之一,号称“河南粮王”,吸引了周边县市的六七十户农民加入他的农业合作社。在他的“机库”里,存有联合收割机、播种机等大小机械70多台,有政府奖励、个人购置,还有自己研制改造的,还建起了3000万吨储量的大粮仓。

在柳学友家庭农场的管理团队里,妻子何明珍是河南十大种粮女状元,儿子柳林也是能操作各种农机的好帮手,还有一名大学生和十多名长期招用的农民工,农忙时节还要临时请来更多的“天工”。

柳学友流转的一万多亩地过去主要种植优质有机小麦和玉米，近年来发展了大面积的红高粱，并和几家大酒厂签订了定向种植合同。

靠种地"发了财"的柳学友，生活依旧简朴，大部分财力继续投入到农场建设。一部山寨手机用了多年，家里堆放的到处都是农药、种子和农具，仍然保持着庄稼汉子的本色。

(3) 规模养殖业

人类进入21世纪后，养殖业的发展已进入了转型升级的高速发展期。规模化、集约化、标准化发展已成为当今养殖业发展的必然趋势。标准化规模养殖是现代畜禽生产的主要方式，是现代养殖业发展的根本特征。近年来，不断出现的畜禽产品质量安全问题，促使国家更加重视规模养殖业的发展。国家出台了一系列促进规模化养殖的优惠政策来支持标准化、规模化养殖业的发展。只有规模养殖业才能从饲料、生产、加工、销售等环节控制畜禽产品的质量。在这样的背景下，家庭农场选择规模养殖业大有可为。家庭农场发展规模养殖需要具备的条件：一是当地的气候、水文等条件适宜，周围不能有工业或农业污染，交通便利，地势较高；二是能够顺利得到发展规模养殖的适宜土地条件；三是畜禽产生的粪便能得到合理的处理；四是繁殖、孵化、喂饲、饮水、清粪、防疫、环境等控制设备齐全；五是养殖人员必须具有一定的专业养殖技术。规模养殖业是对技术水平要求较高的行业，农场主一定要注意认真学习养殖和防疫技术，不能靠直觉，要多听专家的意见，或者聘请懂技术的专业人员进行指导。

(4) 种养结合，发展生态农业

① 概念

生态农业是针对现代农业投资大、能耗高、污染严重、破坏生态环境等提出的，即在经济和环境协调的方针指导下，总结吸收了各种农业方式的成功经验，运用生态学与经济学原理以及系统工程方法，因地制宜地利用现代科学技术并与传统农业精华相结合，合理组织生产，实现高产、优质、高效与持续发展的目标，达到经济、生态、社会三大效益统一。

② 类型

美丽乡村。具有完整的村落结构，以农业生产为主，结合开展观光旅游活动的一种观光农业形式。一般将自然环境较好、生产项目多样的农村进行改造，将农田、菜地、果园、林地、水产养殖场、畜牧养殖场以及花卉、药用植物等生产场地以及村寨、风景、传统文化等自然和人文景观进行有机结合。可开发出多种农业生产方式并存的、符合生态规律的现代生态农业村，生态农业村中观光的对象是农业生产活动及农业景观。

观光农园。观光农园是将生产项目较为单一的农业生产基地，结合开展适度的旅游观光活动而形成的一种观光农业形式。如在生产果园的基础上，设置一定的设施与景观，吸引游人前来种果、品果、购果，以达到宣传产品、增加收入的目的。具体形式有观光果园、观光菜园、观光花园、观光渔场、观光茶园等。也有果、茶等几项结合形成综合的观光农园。

科技农园。以农业科学研究与科普教育为主，结合开展观光游览活动的一种观光农业形式。这类农园一般是在农科基地的基础上发展而来的，将基地部分开放，用于游人参观学习，并设专门展示场地，展览先进的农业技术，高、新、奇、特的动、植物品种，同时，还可开展科普教育，让游人在游乐之中获得相关农业知识。

（5）农产品加工业

农产品加工业，有传统农产品加工业和现代农产品加工业两种形式。传统农产品加工业是指对农产品进行一次性的不涉及对农产品内在成分改变的加工，也就通常所说的农产品初加工。现代农产品加工业是指用物理、化学等方法对产品进行处理，改变其形态和性能，使之更加适合消费需要的工业生产活动。现代农产品加工业是现代农业的重要组成部分，是农业与工业的结合，它是现代农业发展的关键。

家庭农场办农产品加工厂，可以有效地解决初级农产品附加值低、效益低的问题，使家庭农场的发展形成一个更加完整的产业链条。当然，创办农产品加工业需要产品有丰富的市场需求、充足的加工原料来源、良好的产品性能。

（6）现代农业服务业

现代农业服务业是指以现代科技为基础，利用设备、工具、场所、信息或技能为农业生产提供服务的经营活动。农业服务业作为现代农业的重要组成部分，在拓展农业外部功能、提升农业产业地位、拓宽农民增收渠道等方面都发挥着积极的作用。

现代农业服务业具体可分为以下几种类型，家庭农场可根据自己的优势，选择服务项目，拓宽农场收入的渠道。

良种服务。良种在农村的需求潜力巨大，特别是一些经济效益高的名优特种苗，更受农民欢迎。因此，开设种苗专营市场，回报丰厚。

农资经营服务。提供农业机械、农药、化肥、农膜及兽药等服务。如开办有机肥交易市场，生产绿色果蔬食品，离不开有机肥。城里有机肥大量堆积浪费，乡下有机肥需求缺口巨大。如果开设农村有机肥交易市场，架起供需桥梁，可变废为宝。

农机作业服务。提供播种、收割、病防、配送等服务。可开办农机具租赁市场，由于经济条件的限制，农民不可能购齐生产所需的农用机具，有条件者可在农村组织开办农机具租赁市场，实行有偿服务，充分发挥家庭农场的农业机械使用效率。

农产品运销服务。提供运输、仓储、保鲜、分装等服务。可开办农产品购销市场，农村农副土特产品十分丰富，往往出现供大于求。可在农村开办农产品购销市场，搞活商品流通，解决农村土特产品的销售难题。

由于受生产方式、知识结构和信息不对称等多方因素的制约，我国农民的市场意识普遍淡薄，农业产业化更远远落后于工业产业化。长期以来，农产品流通问题成为困惑农民的核心问题，并成为农业发展的巨大障碍，农民常常陷入生产和市场之间的矛盾中不能自拔，“丰产不增收”、“谷贱伤农”的情况随处可见。农场主可以进一步发展成为农民经纪人，专门提供各类中介服务。经纪人，通俗地讲，就是中间人，很早以前就有了，是市场经济的重要组成部分。我国改革开放以来，随着市场经济的迅猛发展，经纪人队伍从无到有取得了长足的发展，他们的身影活跃在各种经济领域，他们的智慧劳动对推动各种经济领域的发展起到不可估量的作用。哪个领域发展得快，哪个领域的经纪人就越活跃；哪个领域的经纪人越活跃，哪个领域就越快速发展。

3. 家庭农场的经营项目选择

很多人在家庭农场经营项目上表现得盲目，认为种草莓赚钱，就一哄而上，殊不知有些地方的土质根本就不适应种这种农作物；或者认为农家乐有前途，便修建农庄，也不管是否有客人愿意来消费。因此，家庭农场经营项目的选择，必须谨慎，投资前要做好充足的论证，找到自己的优势和不足。

(1) 用足资源找特色

一是充分发挥当地的自然资源优势。你选择种什么、养什么，首先要看你当地的农业自然秉性、气候条件，考虑你的土地性质及土壤情况，当地的温度，结合你当地的自然情况选择特色农业产业。二是充分发挥自身的优势。选择经营项目时要充分发挥自身的长处，规避短处，要有自知之明，重点考虑自身的市场洞察力、自身的从业兴趣、自身的专业特长、自身的心理承受能力、自身能够承受的经济风险、自身的经历和社会关系。

(2) 政策市场找扶持

要用好惠农政策。惠农政策出台了，如果不熟悉、不利用就很难赚钱。农业是一个政策性行业，你在选择种植、养殖项目的时候，最好结合当地政府主导的项目，例如，各省、市每5年都会出台5年规划，规划里明确将要重点打造的蔬菜产业，就说明在未来5年，政府的扶持资金将重点补贴蔬菜种植户，如果你们是粮食主产区，那政府将给予重点粮食种植大户补贴。

(3) 消费市场找赢利

充分考察国内外市场的需求状况，确定目标市场，并对目标市场进行细分，发掘消费者的特色需求，例如，追求健康的有机农产品或生态鸡、生态猪。常规的农产品处于"无品牌"、"无包装"、"无生产日期"的"三无"现状，是农产品价格低廉的原因。可以通过农产品加工提高农业初级产品的附加值，增加收入，从传统中走出特色来。

总之，怎样确定家庭农场的经营项目及模式，需要考量土地所在地域的土壤及气候条件、空间位置、劳动力成本、农业技术及配套条件、投资者意愿、政府补贴及保障政策等因素。如果选对了，就会规避投资风险并获得良好收益；否则，就得不偿失。针对不同投资者而言，要在充分考量上述因素的前提下，再确定选择哪种项目。以上不同类型的家庭农场，都有不同的侧重点和策略，需要农场主根据实际进行专业化研究。

(4) 经营项目选择策略

把握好商机，整合出发展项目，是家庭农场经营赚钱的关键。商机表现为需求的产生与满足的方式上，在时间、地点、成本、数量、对象上的不平衡状态。商机无论大小，从经济意义上讲，一定是能由此产生利润的机会。

四、家庭农场的经营风险

家庭农场作为新型农业经营主体，有利于推广科技，提升农业生产效率，实现专业化生产，促进农业增产和农民增收。但家庭农场持续健康发展仍然面临许多风险需要防范，希望农场主及有关部门能够给予重视和扶持。

1. 家庭农场经营过程中面临的风险

农业与工业不同,天然存在着风险高的特征。对家庭农场而言,随着经营规模的扩大,风险也在相应扩大,必须有一个良好的风险控制体系,重点防控好自然风险、市场风险、疫病风险、技术风险和人为风险等五大风险。

自然风险。这是农业区别于工业的最大风险。一般的自然灾害,工业基本是不考虑的,但农业基本无法避免,只能通过避灾救灾减少影响。例如,播种时的干旱少雨,如果没有灌溉,则可能无法播种而错过农时;作物生长过程中的冰雹、旱涝、冷热灾害随时会发生,成熟季节的农作物,可能因为冰雹等突然的恶性自然灾害,导致产量大幅损失甚至颗粒无收,干旱、洪涝、冰雹、大风等自然灾害都可能把一个家庭农场的设施摧毁,农作物颗粒无收。

市场风险。家庭农场在农业生产和农产品销售过程中,由于市场供求失衡、农产品价格的波动、经济贸易条件等因素变化,以及资本市场的经营形势变化等方面的影响,或者由于经营管理不善、信息不对称、市场前景预测偏差等导致家庭农场经济上遭受损失的风险。由于农业生产的周期较长,导致市场调节的滞后性,农产品的价格易发生较大的变动。市场风险不论工业、农业均要面对,但农业的市场风险更残酷,这是因为农产品的一些特殊属性决定的。由于农产品多为鲜活农产品,所以,保质期十分短暂,必须在收获时节的极短时间内出售,否则,可能腐烂变质一文不值;即使那些保质期长的农产品与工业品的保质期相比,也是差距甚远。于是就形成了农产品常见的卖难问题,一到集中收获季节,往往量大价跌,供大于求,不仅效益下降,而且浪费惊人。

案例:"萝卜哥"和"笋菜姐"

韩红刚,被网友戏称为"萝卜哥",他是河南安阳滑县人,在郑州市花园口游览区黄河大堤附近承包了80亩黄河滩地,拿出60亩地栽种萝卜。萝卜大丰收后,他一直在为找销路发愁,收购商给出的价格每千克仅八九分钱,雇人把它弄出去运到市场上赔得更多。经过和家人的一番合计,韩红刚决定,不再销售这些萝卜,而是免费赠送给市民食用。"我希望大家都把萝卜拉回去吃掉,如果是烂到地里不就烂了吗?拿回去之后大家都吃掉,比烂了强。"免费送萝卜的消息经媒体报道后,拔萝卜大军蜂拥而至。慕名而来的市民让他真有些招架不住了:第一天估计最少有两三千人,第二天也有个几千人吧,第三天,到处停的都是车，满地都是人看都看不过来，萝卜大概就是个30多万吨。很多前来拔萝卜的市民说，目前，郑州市区内的萝卜价格每千克在1.20元左右，韩师傅免费送萝卜自然大受欢迎。

温岭种植大户杨桂芬种了上千亩笋菜，却因为“种销脱节”，上百亩疯长的笋菜不仅卖不动，连送人也没人要。无奈之下，她每天花数千元雇五六十名工人，踩烂笋菜当肥料。因为时节不等人，再耽搁下去要误了其他作物的种植和生长，损失会更大。(《钱江晚报》3月23日)

启示：这两个案例告诉我们，生产者与消费者之间信息不对称，是导致农业面对市场风险、屡屡陷入困境的原因。只会生产，不懂销售，对于大规模经营的农场来说是致命伤。农民种植的成果，在多大程度上转化为财富，还得由市场说了算。

技术风险。技术风险是由于农场经营者缺乏农业技术及规模化田间管理水平或某些技术应用后产生的不确定副作用，对农业生产经营活动所造成的损失。技术风险产生于科学技术的副作用(如，农业在杀害虫的同时可能使牲畜因误食而中毒等)、局限性或其不适当的使用而给农业生产和经营带来的各种损失的可能性。技术风险带来的影响，轻则造成减产、效益下降，重则造成绝收，甚至血本无归。

道德风险。道德风险或叫人为风险，是指因人的主观因素导致的种种风险，如，人为破坏、毁约、投毒、失职、误判等。是由于农民对于市场经济规则的不懂不问、不遵不守而引发的，常见的是土地流转纠纷或订单契约纠纷。对多数的家庭农场而言，自有土地是少数，更多的土地靠流转，而经营农业的人都知道，土地经营权的长期稳定是投资农业的首要前提。在实际中，因为种种原因，农民突然违约强行收回流转土地的情形屡见不鲜，并引发严重社会事件。但一般的结局往往是当地政府为维稳大局而对农民息事宁人，使规模经营者蒙受损失。更有严重的，农民在规模经营者经营状况明显改观之际，公然哄抢或破坏，更是法难责众。在家庭农场经营中，与农业企业或其他组织事先签订购销订单是经常发生的经济行为，但家庭农场在与公司的合作中往往处于弱势地位，由此产生了订单风险。当市场价格低于订单价格时，公司会有违约的激励，导致产生无效订单。此外，人为产生的假农资风险。假种子、假肥料、假农药，时刻威胁着农业生产。如果耕种几百亩甚至上千亩土地，一旦买到假农资，将会给家庭农场带来致命打击。

2. 规避家庭农场经营风险的措施

有关资料表明，自然风险占农业经营风险的25%左右，市场风险占40%，技术风险约占25%，其余约占10%。因此，对于家庭农场而言，在风险的规避和防范时，可以战略和战术两个方面积极应对经营过程中的风险。

(1) 做好家庭农场的发展规划，防患于未然

在中国投资家庭农场一定要把各种或明或暗的风险因素考虑周到，在项目的策划、规划、设计及运筹方面，必须有充分的考量论证。现在绝大多数中国式的家庭农场，都是投资者想起一出是一出，边干边想，边想边干，结果越陷越深而且严重跑偏，最后做了夹生饭，又很难纠偏。其主要原因是从定位到规划、设计、建设各个环节出了问题。家庭农场主要根据自己的投资及管理能力，首先确定总建设规模及建设档次；其次确定投资来源及投资方式，特别是政府是否给予相关的投资扶持(原则上在基础设施方面，政府会给予较大的免费投资，周转资金会给贴息投资，这主要取决于项目的专业化规划设计及商业方案如何)；再次要按照功能区划范围的内容进行投资估算；最后在估算的基础上调整预算。规划做得明确就可以做到事半功倍，做到心中有数，减少经营过程中的不确定性。

(2) 开展多种经营，主业、辅业相结合，分散风险

开展多种经营把主产业和辅助产业有机结合，各种资源包括人、财、物等的综合有效利用，达到使主产业稳定收入的同时，更大幅度地创利增收，把闲置的有市场潜力的资源，充分地挖掘出来，加以包装、再次利用现有资源开展多种经营。家庭农场采取多样化经营，首先需要家庭农场的资源基础，包括家庭农场的内部与外部各种资源，作出发展规划和详细项目的可行性分析，确定好多样化的方向，明确在何种状态下选择何种多样化较为有效。一般来说，多样化经营不仅限制产品品种的扩大，并且包括生产和市场范围的扩大。目的在于分散风险，使得一些经营活动的低收入被其他经营活动的高收入所抵消，避免某种产品市场行情变动而影响收益，充分利用生产潜力和市场销售潜力等。

案例：王德勇的家庭农场

2010年秋天，王德勇在寿光流转了土地，准备全部种植蔬菜。第二年他建起了40个大棚，其余空地则用来种植露地蔬菜。但随后他发现，蔬菜用工

多，尤其是露地蔬菜，价格起伏较大，规律不好把握。几乎每年都听到白菜、菠菜等滞销的消息，如果大规模种植，风险会很大。2012 年，他开始调整经营思路，逐渐把部分露地蔬菜改成苗木，以降低风险。2013 年，山东省出台家庭农场登记试行办法后，王德勇的经营思路逐渐清晰了，那就是发展种养结合的生态循环农业，把农业生产与休闲观光相结合。同年 6 月，王德勇以公司形式注册了该家庭农场，成为寿光第一家"公司化"家庭农场。

王德勇说："以公司化形式经营家庭农场，既能把经营账目做得更清晰，也能更好地统一经营品牌。"他的目标是打造一个精品、花园式农场，有菜，有花，有树，大棚蔬菜废弃物和动物粪便重新利用，用沼气、沼液等将养殖和种植结合起来的生态循环农业。目前，家庭农场投入已经超过 800 万元，其中，包括 300 多万元的贷款。仅流转 400 亩土地，1 年的费用就达到 60 万元以上。王德勇在经营过程中，采取滚动式的发展模式。除了蔬菜，还通过销售绿化苗木获取一部分收入，用这部分收入投入到农场下一步的发展。对家庭农场而言，最重要的是保证稳定的收益，这样才能持续发展。王德勇充分借助寿光当地金融机构推出的大棚蔬菜抵押贷款政策，利用已经建成的大棚实现融资，解决资金问题。"农场边生产、边见效，边收益、边投入，让金融机构看到农场的潜力，通过持续的盈利，来获得银行的贷款支持"。（资料来源：农村大众报）

启示：综合利用家庭农场及村庄的各种资源，详细设计家庭农场的未来发展布局，在主产业的基础上开发出多种辅助配套的经营项目，可以有效地分散经营风险。这是家庭农场经营成功的重要保障。

（3）投入农业保险

农业保险是专为农业生产者在从事种植业、林业、畜牧业和渔业生产过程中，对遭受自然灾害、意外事故疫病、疾病等保险事故所造成的经济损失提供保障的一种保险。2008 年以来，国家稳步扩大政策性农业保险试点范围，加大了对粮食、油料、生猪、奶牛生产的各项政策扶持，支持发展主要粮食作物政策性保险。防范自然风险，虽然国家的政策性农业保险制度还在完善，但已经提供了基本的风险保障，要注意运用好这一政策。同时，还可以考虑农业商业保险。我国开办的农业保险主要险种有：农产品保险，生猪保险，牲畜保险，奶牛保险，耕牛保险，山羊保险，养鱼保险，养鹿、养鸭、养鸡等保险，对虾、蚌珍珠等保险，家禽综合保险，水稻、油菜、蔬菜保险，稻麦场、森林火灾保险，烤烟种植、西瓜雹灾、香梨收获、小麦冻害、棉花种植、棉田地膜覆盖雹灾等保险，苹果、鸭梨、烤烟保险等。

农业保险一般可分为两大类。

① 种植业保险

农作物保险。农作物保险以稻、麦等粮食作物和棉花、烟叶等经济作物为对象，以各种作物在生长期间因自然灾害或意外事故使收获量价值或生产费用遭受损失为承保责任的保险。在作物生长期间，其收获量有相当部分是取决于土壤环境和自然条件、作物对自然灾害的抗御能力、生产者的培育管理。因此，在以收获量价值作为保险标的时，应留给被保险人自保一定成数，促使其精耕细作和加强作物管理。如果以生产成本为保险标的，则按照作物在不同时期、处于不同生长阶段投入的生产费用，采取定额承保。

收获期农作物保险。收获期农作物保险以粮食作物或经济作物收割后的初级农产品价值为承保对象，即是作物处于晾晒、脱粒、烘烤等初级加工阶段时的一种短期保险。

森林保险。森林保险是以天然林场和人工林场为承保对象，以林木生长期间因自然灾害和意外事故、病虫害造成的林木价值或营林生产费用损失为承保责任的保险。

经济林、园林苗圃保险。这种险种承保的对象是生长中的各种经济林种。包括这些林种提供的具有经济价值的果实、根叶、汁水、皮等产品以及可供观赏、美化环境的商品性名贵树木、树苗。保险公司对这些树苗、林种及其产品由于自然灾害或病虫害所造成的损失进行补偿。此类保险有柑橘、苹果、山楂、板栗、橡胶树、茶树、核桃、枣树等保险。

② 养殖业保险

牲畜保险。牲畜保险是以役用、乳用、肉用、种用的大牲畜，如耕牛、奶牛、菜牛、马、种马、骡、驴、骆驼等为承保对象，承保在饲养使役期，因牲畜疾病或自然灾害和意外事故造成的死亡、伤残以及因流行病而强制屠宰、掩埋所造成的经济损失。牲畜保险是一种死亡损失保险。

家畜保险、家禽保险。以商品性生产的猪、羊等家畜和鸡、鸭等家禽为保险标的，承保在饲养期间的死亡损失。

水产养殖保险。以商品性的人工养鱼、养虾、育珠等水产养殖产品为承保对象，承保在养殖过程中因疫病、中毒、失窃和自然灾害造成的水产品收获损失或养殖成本报失。

其他养殖保险。以商品性养殖的鹿、貂、狐等经济动物和养蜂、养蚕等为保险对象，承保在养殖过程中因疾病、自然灾害和意外事故造成的死亡或产品的价值损失。

（4）看准市场，争取合作，加盟协会

家庭农场经营者一定要研究当地的市场条件，一个地方的农业，没有专业化、规模化的农产品运销企业和物流配送企业，没有设施完备、功能强大的农产品批发市场，就很难实现有机的产销对接。像蔬菜、水果这些生鲜农产品，尤其需要借助这些载体、平台和渠道，及时迅速地销往市场。应对市场风险，一方面，要重视农产品市场分析，避免陷入“丰收陷阱”；另一方面，要加强生产的组织化程度，通过行业协会、订单农业、合作社联合等方式，稳定市场，畅通产后通道，保障收益。提升农业生产组织化程度至关重要，通过合作凝聚力量。在充满选择的人生道路上，最忌讳的是单打独斗，孤立无援。要想经营成功，就要广结人缘，学会合作。为了降低生产成本，提高盈利水平，就需要通过合作联合起来，借助外部交易规模的扩大，节约交易成本，提高在市场竞争中的地位，使产品按合理的价格销售。农民只有组织起来，才能成为真正的市场主体。加强政府的支持和引导，通过支农的财政政策和利农的金融政策，进一步加快农民专业合作社、农业行业协会建设，推广“家庭农场＋合作社＋龙头企业”的产业化经营模式，同时，发展和规范“订单农业”，从而增加农民的获利机会，降低市场风险。

第五章 家庭农场的管理

一、家庭农场的劳动关系

我国农村目前主要实行以家庭为单位的联产承包责任制，而且家庭农场中的农业劳动多以家庭的组织形式进行，国家对家庭内的劳动关系不予干预。但是，随着家庭农场生产规模的进一步扩大，可能就需要从外面雇工。扩大雇用劳动力的过程中就涉及了《中华人民共和国劳动法》和《中华人民共和国劳动合同法》(以下简称《劳动法》和《劳动合同法》)的相关内容。首先为了避免用工风险，毫无疑问要从雇工招聘上进行选择。农业生产的特点是经验占的比重比较大，因此，要选择有劳动经验、年轻力壮、身体健康的劳动者。其次作为家庭农场主，要特别注意劳动合同的签订和履行。当前不少农民拒绝签订书面劳动合同，也不愿意家庭农场主为自己上社会保险，他们说保险对他们没用，多给点钱就行。有的家庭农场为了规避风险，与雇工签署了"员工自愿不参保协议"，但是不签劳动合同、不上保险都是违法的，签署的"员工自愿不参保协议"也是无效的，所以必须了解和遵守《劳动法》和《劳动合同法》的相关内容。

1. 劳动者的权利与义务

《劳动法》第 2 条规定，劳动者享有平等就业权、取得报酬的权利、获得劳动安全卫生保护的权利、提请劳动争议处理的权利以及法律规定的其他劳动权利。也就是说家庭农场主雇用劳动者必须为劳动者满足以上条件。

2. 劳动争议解决途径

《劳动法》第 77 条规定，用人单位和劳动者发生劳动争议，当事人可以依法申请调解、仲裁，提起诉讼，也可以协商解决。

3. 签订劳动合同

《劳动合同法》第 2 条规定，中华人民共和国境内的企业、个体经济组织、民办非企业单位等组织（以下称用人单位）与劳动者建立劳动关系，订立、履行、变更、解除或者终止劳动合同，适用本法。第 10 条规定，建立劳动关系，应当订立书面劳动合同。已建立劳动关系，未同时订立书面劳动合同的，应当自用工之日起 1 个月内订立书面劳动合同。用人单位与劳动者在用工前订立劳动合同的，劳动关系自用工之日起建立。

因此家庭农场内的劳动者不签订劳动合同，出现风险等法律后果，只会转嫁给雇用工人的用人单位。也就是说，家庭农场如果与劳动者建立劳动关系，要符合劳动合同法的规定，务必签订劳动合同。

解除劳动合同也一样，第 37 条规定，劳动者提前 30 日以书面形式通知用人单位，可以解除劳动合同。劳动者在试用期内提前 3 日通知用人单位，可以解除劳动合同。劳动者本人也要遵守劳动合同的规定。

4. 经济补偿

若用人单位与劳动者协商一致，并与其解除劳动合同的，还要给予劳动者经济补偿。经济补偿按劳动者在本单位工作的年限，每满 1 年支付 1 个月工资的标准向劳动者支付。6 个月以上不满 1 年的，按 1 年计算；不满 6 个月的，向劳动者支付半个月工资的经济补偿。

二、家庭农场的内部规章制度

作为家庭农场，虽然有农场主的言传身教，有长期形成的家风家规，但是作为企业式运营，就必须有一个规范，只有这样才能让家庭农场更好地发展与进步。

规章制度是管理的需要。规章制度一般是针对已经发生或容易发生的问题制定的，是管理实践的需要，而不是人的主观想象。没有控制的管理就不是管理，所以，管理要借助于制度来进行控制。家庭农场有了制度，一定要按照制度执行，如果朝令夕改，或者制度仅仅针对某一个人或者几个人，就失去了制定制度的必要，而且将来再制定规章制度也没有人相信了。

家庭农场需要什么样的内部规章制度呢？一般需要《家庭农场员工规范》《人事制度》，其中包括培训、入职、考勤、请假、工资保险福利等制度，《财务制度》《车辆管理制度》《公章及合同管理规定》《办公用品领用制度》《车费报销制度》等，按照农场发展不同的阶段，需视具体情况建立一些具体的制度。

三、家庭农场的融资

1. 家庭农场融资难与融资优势

兴办一个家庭农场，由于经营规模较大，无论是大面积的农业生产所需要的种子、化肥、农药，还是灌溉、收割、运输、仓储，或者是所需要雇用的农业劳动力，都需要大量的资金。农业生产的周期较长而受市场价值规律的制约，有时农产品会供过于求，农产品价格过低导致农民亏本，无法再进行下一年的农产品投资，在自有资金无法满足生产经营需要的情况下，都需要解决融资问题。解决融资问题，使资金在农场主的经营活动中获得良好的周转和循环，是目前家庭农场的首要任务。融资是成为制约家庭农场生产经营发展的瓶颈。

现今，正处在我国家庭农场发展的初期，各地区家庭农场融资困境主要有两方面：一方面，融资金额较大，需求量总体呈上升趋势，自筹资金已很难满足发展需要，随着家庭农场经营规模的扩大，家庭农场主对信贷资金的需求力度也越来越大；另一方面，融资的成本越来越高。风险管理不足、缺乏有效的抵押资产、期货市场发育不成熟、政府补贴资金不足以及政策没有得到有效的实施等导致农场主的融资成本越来越高。

但是，农场主个人作为融资主体相较于其他农业经营生产方式的融资主体有其特有的优势。首先，农场的经济效益与农场主密切相关，农场发展的好坏直接关系到农场主的利益，这种形式的融资主体积极性更强，对于融资的欲望更强；其次，家庭农场如同家族企业，具有传承性和延续性，经营良好的家庭农场传给下一代，会极大地减少他们的融资压力；最后，家庭农场有国家政策和相关机构的融资支持。

2. 家庭农场的融资方式

作为家庭农场主，可以通过 3 种方式进行融资，即国家财政资金、贷款和自筹。

（1）国家财政资金（政府资金投入）

国家近年来大力推广家庭农场，据农业部发布的《中国家庭农场2012年现状报告》显示："2012年，全国各类扶持家庭农场发展资金总额达到6.35亿元，其中，江苏省和贵州省超过1亿元。"我国各级政府对家庭农场进行了大量的资金投入，然而，这些资金投入相对于农场主们对资金的需求还远远不够。此外，各地区资金投入差异较大，我国财政还没有为家庭农场设立专项发展资金的现象。家庭农场建设初期，加大政府资金投入，确保财政补贴政策的有效实施能够帮助部分家庭农场摆脱融资难题。

（2）金融机构贷款

家庭农场在创业初期，由于处于投资期，往往很难盈利，周转资金不足，很多农场主想到通过贷款的方式缓解经济困难。然而，我国普遍存在着"贷款难"的现象。由于银行业等金融机构实施较为严格的贷款抵押担保制度，农场主们通常缺乏有效的抵押手段，作为固定资产——土地又是通过土地流转而得来的，缺乏抵押品的特征。因此，这种"贷款难"的现象需要政府、金融机构和农场主们共同协调才能得以解决。贷款难题的解决将会大幅度地改善融资困境。

（3）民间资本参与

随着家庭农场的逐步推广，资金难题完全依靠政府补助已不现实，大部分资金还是需要农场主们自我筹集。如今，国内家庭农场的基础设施投入近八成是来自农场主们的自有资金和民间借贷。多数家庭农场实行"两费自理"（"两费"指的是生产费用和生活费用），这种自给自足的经营模式给农场主们的融资施加了极大的压力。农场主的部分自有资金因用于租用土地，已不能满足基础设施的投入。又因为从金融机构难以取得贷款，农场主选择向周围的人借用资金。而这些资金只能暂缓应对初期投资问题，对于真正解决融资问题的作用很小①，但民间资本参与的自筹形式是成本低、速度快的一种筹资方式。

3. 家庭农场融资建议

农场主加强与政府、金融机构三方协作，积极争取政府给予那些向农场主提供贷款的金融机构政策性补助，争取农村信用社对家庭农场的信贷支持；争

① 严琪，苏亚民．我国家庭农场融资机制研究．科技创业月刊，2014(2)

取民间资本积极参与到家庭农场建设，加大对农场的基础设施投入。积极了解金融机构的贷款限制，争取银行、信用社放宽对农场主的贷款限制，降低贷款利率，实行差异性贷款模式，对不同经营规模的农场主给予不同程度的贷款限额。

（1）尝试新的融资担保服务

《中华人民共和国担保法》（以下简称《担保法》）第 37 条规定，农村宅基地、耕地的土地使用权不能抵押。但是，作为一般的家庭农场主，他向银行贷款融资所抵押的一般都是自有的农村宅基地和耕地的土地使用权。这一规定严重地制约了家庭农场主的融资贷款，不少地区开始允许农场主用住房、农产品的收益权作为抵押品。我们对为了破除现行法律制度在农村产权抵押担保上的制约作用进行估计，国家层面可能对《中华人民共和国物权法》《担保法》等进行论证、修改，推动农村产权改革，取消或者适当放宽对农村承包经营用地、宅基地的抵押限制，提高农村产权的流动性，建立农村产权市场，实现农村各类产权效用的最大化。在相关法律规定修改前，可以参考一些地区通过国务院批准试点的方式，探索破解农村产权抵押难题，以降低市场参与主体特别是银行面临的法律风险。

（2）联保贷款

农场主之间可以互相合作，实行联保贷款。农场主之间加强交流，家庭农场经营好的农场主可以为正遇到融资困境的农场主提供实践性经验。

四、家庭农场的账务处理

1. 家庭农场会计核算的现状

家庭农场规模较大，一般可以达到获得社会平均利润的规模，大多有一定数量的雇工，甚至生产劳动以雇佣劳动为主，在家庭组织形式的基础上也引入了现代契约制度等一些科学的组织方式，还需要采取现代会计核算等经营管理制度，提高经营的现代化水平。

因此，规范的会计处理不仅可以使农场家庭更好地了解自身的生产经营状况，为其决策提供必要的依据，还可以为其他利益相关者提供必要的信息资料。家庭农场的会计处理应克服其限制因素，实现进一步规范化。

小规模农户的家庭组织基本上就是生产经营组织，因而一般没有核算等经营管理制度，经济核算全凭"盘算"或者简短的流水账，甚至连"盘算"或简单的流水账也没有。在中国，家庭农场尚在兴起阶段，相关的会计理论指导和规范尚未出台，实务处理也较为简单。首先，一些农场家庭未曾记录过生产经营活动，大部分家庭农场以收付实现制为基础进行单式记账，即每一项经济业务只在一个账户中记录，一般只登记现金的收付，而且在实际收到或支付款项时才确认收入或支出。流水账下，账户之间缺乏直接的联系，不能反映经济交易与事项的变动和账户的平衡关系。其次，农户通常根据个人习惯设置记账科目，有时同一要素在前后记录中所用科目也有偏差。而且农户通常只设置一级科目，如拖拉机、化肥等，不能分类反映会计要素增减变动情况及其结果。而在核算程序方面，农场的关注点在登记账簿上，几乎没有报告行为。农场主进行会计处理的目的在于核算当期的经营收入和利润，缺乏利用会计信息进行财务分析、科学决策的观念。会计处理规范性与效益增长的不匹配导致家庭农场在经营中存在着五个不确定：一是产量不确定，二是收入不确定，三是成本不确定，四是债权债务不确定，五是效益不确定。这些不确定导致我国农民收入提高慢甚至不愿种田，以致造成农业发展后劲不足的局面①。

从外部因素看，农场家庭完全占有其经营成果，不受信息披露的强制要求，外部监督的缺失进一步导致会计处理规范性的匮乏。另一方面，相当多的农场主认为其生产规模小，经营项目少，会计对其生产经营没有意义。当然，随着规模的扩大和效益的提高，有些农场主意识到会计的重要性，但家庭农场经营者的文化素质较低，缺乏会计知识和相关培训，不具备按照现行企业会计准则等规范进行精确处理的条件，只能对农业活动中的各种耗费和收益进行流水账式的记录和反映。

2. 家庭农场会计处理

家庭农场介于传统农户和农业企业之间的特殊性质决定了其会计处理应在规范化和可操作性上寻求平衡。相较于小农户，家庭农场规模更为庞大，业务更加复杂，管理更为重要，不记账或者流水账难以提供正确的信息。但是，我国人多地少，农业的整体生产力水平还比较落后，加上土地流转制度不完善和限制工商资本进入的政策导向，家庭农场的规模不是很大，发展进程较慢，短期发展方向也不如美国等高速发展的农场之真正企业化。如果要求家庭农

---

① 孙梦琪.家庭农场会计处理适度规范的研究.财务监督，2013(5)

场依照农业企业在《企业会计准则》《农业企业会计制度》《农业企业会计处理办法》等体系下进行核算，设置近百个会计科目，按照生物资产的类型和阶段精细计量，一方面，不符合成本效益原则；另一方面，即使是专业会计人员也难以掌握，农户家庭所拥有的会计知识几乎不可能实现高度正规化。再加上家庭农场仍处于起步阶段，缺乏清晰定义，各地的试点工作也还在进行中。因此，家庭农场的会计处理须从实际情况出发，有一个循序渐进的过程，既要反映农户经济活动内容，满足自身经济管理的需要，又要从通俗易懂、简便易行出发，即适度规范、灵活多样。

为规范农业企业会计核算，提高农业企业会计信息质量，根据《中华人民共和国会计法》《企业财务会计报告条例》《企业会计制度》以及国家有关法律、法规，结合农业企业的实际情况，《农业企业会计核算办法——生物资产和农产品》和《农业企业会计核算办法——社会性收支》于 2005 年 1 月 1 日起在已执行《企业会计制度》的各农业企业执行。农业企业在执行《企业会计制度》和本办法时，不再执行 1993 年颁布的《农业企业会计制度》。

（1）现行家庭农场核算模式①

根据《农业企业会计核算办法》规定，对家庭农场核算应设置“应收家庭农场款”、“待转家庭农场款”、“应付家庭农场款”3 个总账科目。在总账科目下再按照各单位的实际情况设置二级明细账户及相关的辅助核算。

在该种模式下，“应收家庭农场款”科目下通常设置以下 3 个科目：“应收土地承包费”、“应收垫支成本”、“应收借款”。“应收土地承包费”主要反映市场向承包职工收取的土地承包费；“应收垫支成本”反映市场向家庭农场有偿提供生产资料、生产技术服务、劳力、机力服务等收取的费用；“应收借款”主要用于市场与家庭农场发生的资金“借贷”关系。

“应付家庭农场款”科目主要反映家庭农场上交产品款以及预交的“五保三费”、土地承包费、生产资料款和交售的产品款等。每年期末，通过转账方式，将应收家庭农场款的年末借方余额与“应付家庭农场款”贷方余额相抵，如果是贷方余额则表示应付家庭农场的兑现款。兑现后“应收家庭农场款”、“应付家庭农场款”余额均为零。如果是借方余额，则表示家庭农场经营亏损，在“应收家庭农场款”借方余额反映。“待转家庭农场上交款”科目专门核算家庭

① 王宏发. 家庭农场核算模式及方法. 新疆农垦经济，2009(10)

农场"土地承包费"的应收及回收情况，以及企业待结转的应收家庭农场的上缴利润、管理费、福利费及劳动保护费。

(2)"家庭农场往来"模式

在日常核算中，为避免一个家庭农场既有应收又有应付账户，简化核算，部分团场未使用"应收家庭农场款"、"待转家庭农场款"、"应付家庭农场款"科目来核算家庭农场的往来，只设置了"家庭农场往来"科目，科目的借方反映应收家庭农场的款项，科目贷方反映应付家庭农场的款项，年末按余额方向归类，分别列入资产负债表的相应项。

(3) 两种核算模式的优缺点

利用模式一核算家庭农场往来，一户家庭农场既有应收又有应付账户，核算比较烦琐，但可以清晰反映家庭农场往来的各项内容，方便提取数据，查账；利用模式二核算家庭农场往来，在一定程度上避免了一户家庭农场既有应收又有应付账户，简化核算。但是，由于所有的家庭农场往来的经济业务全部集中到一个会计科目中，加之一个生产周期内团场与家庭农场往来发生频繁，在很大程度上给数据查询、生成报表带来了一定的困难。这种核算模式比较适合往来业务较少的农场进行核算。

(4) 完善家庭农场会计科目的核算内容

我国目前还是以上述模式一为主进行家庭农场的会计核算。从完整反映会计信息的角度考虑，这 3 个会计科目核算的内容必须作如下调整。

"应收家庭农场款"必须进行三级核算，即在总账科目下按费用项目设置二级科目，再按家庭农场的名称设置明细科目，即设置应收固定上交款、应收投资性借款、应收扶贫性借款、应收垫付款、坏账准备等二级科目。其中，应收固定上交款核算应上交的利润、管理费用等项目，对家庭农场来说，固定上交款都是费用支出，不需细分项目列支。该科目的余额在借方，表示应收未收的"固定上交款"，应与待转家庭农场上交款科目贷方余额相等，应收投资性借款核算农业企业向家庭农场提供生产性设备或物资，家庭农场以产品或现金分期偿还的借款。该科目的余额在借方，表示未到期的投资性借款和到期未偿还的借款，且到期未偿还的借款应按一定比例提取坏账准备。应收扶贫性借款核算农业企业向家庭农场提供的扶贫性借款，核算方法与投资性借款类似，应收垫付款核算企业先行提供生产物资、劳务或借给生产经营用现金，或统一代付应由家庭农场个人承担的社会保障费、保险费等。该科目的余额在借方，表示应收未收垫付款项，应按一定的比例提取坏账准备。年末对应收家庭农场款提取坏账准备，不同款项应按不同比例，且比例应高于应收账款的坏账准备计提比例。

“应付家庭农场款”的贷方核算家庭农场当年上交产品、现金或结转劳务收入在全部偿还当年应偿还的应收家庭农场款后的余额，借方核算家庭农场领取分配款或用于转账支付生产费用、偿还借款、上交固定款项等内容，余额为当年未兑现的分配款或是留存的下年度生产流动资金或储备资金。

“待转家庭农场上交款”专门核算家庭农场“固定上交款”，贷方发生额反映当年应收“固定上交款”总额，借方发生额反映当年实际收到本年度和以前年度的固定上交款的数额。年末贷方余额表示应收未收的固定上交款，应与“应收家庭农场款—应收固定上交款”借方余额相等，本户不允许出现借方余额。

五、家庭农场的税务

《中共中央国务院关于加快发展现代农业进一步增强农村发展活力若干意见》(2013 年中央“一号”文件)明确鼓励和支持承包土地向专业大户、家庭农场、农民专业合作社流转。发展家庭农场，是提高农业集约化经营水平的重要途径。从生产实践看，家庭农场既坚持了以农户为主的农业生产经营特性，又扩大了经营规模，解决了家庭经营低、小、散的问题，通过适度规模经营，以集约化、商品化促进农业增效、农民增收。

1. 家庭农场的税收政策

现行税收政策中，没有明确的针对家庭农场的税收规定，主要适用的是对种植业、养殖业等行业的税收规定，家庭农场涉及的税收均为免征或不征。但家庭农场的房产及花卉盆景等对外出租取得的营业收入，家庭农场所从事的餐饮服务取得的收入以及为其他单位绿化维护等工程取得的收入均要缴纳相关税收。①

(1) 货物劳务税

《增值税暂行条例》及其实施细则规定，“农业生产者销售的自产农业产品”属免征项目，具体指直接从事“种植业”、“养殖业”、“林业”、“牧业”、“水产

① 周仕雅，林森. 家庭农场涉税问题研究. 税收经济研究，2013(5)

业”的单位和个人生产销售自产的初级农业产品。

《营业税暂行条例》规定，农业机耕、排灌、病虫害防治、植保、农牧保险以及相关技术培训业务，家禽、水生动物的配种和疾病防治项目免征营业税。

《财政部国家税务总局关于对若干项目免征营业税的通知》(财税字〔1994〕2号)和《国家税务总局关于农业土地出租征税问题的批复》(国税函〔1998〕82号)等相关规定，对农村、农场和农民个人将土地使用权转让给农业生产者用于农业生产，或将土地承包给个人或公司用于农业生产，收取固定租金，免征营业税、城建税、教育费附加和地方教育附加。农业生产包括农、林、牧、渔。

(2) 所得税

《财政部国家税务总局关于农村税费改革试点地区有关个人所得税问题的通知》(财税〔2004〕30号)、《财政部国家税务总局关于个人独资企业和个人合伙企业投资者取得种植业养殖业饲养业捕捞业所得有关个人所得税问题的批复》(财税〔2010〕96号)等文件规定，个体工商户、个人独资企业、个人合伙企业或个人从事种植业、养殖业、饲养业、捕捞业，其投资者取得的“四业”所得暂不征收个人所得税。《企业所得税法》第27条和《企业所得税法实施条例》第86条规定企业从事农、林、牧、渔业项目的所得，可以免征、减征企业所得税。

(3) 财产行为税

《中华人民共和国城镇土地使用税暂行条例》及《财政部国家税务总局关于房产税城镇土地使用税有关政策的通知》(财税〔2006〕186号)规定，直接用于农、林、牧、渔业的生产用地免缴城镇土地使用税。在城镇土地使用税征收范围内经营采摘、观光农业的单位和个人，其直接用于采摘、观光的种植、养殖、饲养的土地，免征城镇土地使用税。

《车船税暂行条例》规定，拖拉机、捕捞(养殖)渔船免征车船税。

《财政部国家税务总局关于农用三轮车免征车辆购置税的通知》(财税〔2004〕66号)规定，对农用三轮车免征车辆购置税。

《契税暂行条例实施细则》规定，纳税人承受荒山、荒沟、荒丘、荒滩土地使用权，用于农、林、牧、渔业生产的，免征契税。

《印花税暂行条例施行细则》第13条规定，对国家指定的收购部门与村民委员会、农民个人书立的农副产品收购合同免征印花税。

2. 存在的涉税问题分析

（1）税收优惠政策有待明确

目前尚未出台专门针对家庭农场的税收优惠政策，有些税收优惠政策是否适用于家庭农场有待进一步明确。如目前对农民专业合作社的经营用房免征房产税，对农民专业合作社所属，用于进行农产品加工的生产经营用房，按规定缴纳房产税确有困难的，可给予免征房产税的照顾。但目前对家庭农场的房产税征收问题政策还不清晰，是全部征收还是参照农民专业合作社区分房产性质用途部分免征，尚需进一步明确。

（2）日常税收管理有待规范

现行税收法律法规政策没有关于家庭农场的定义。“家庭农场”既不是行业门类，也不是登记注册类型，从事农、林、牧、渔行业的有某农场、某农庄、某园、某圃等，影响到如何发展和扶持家庭农场、如何将家庭农场引入登记管理等一系列问题。由于农作物有季节性，规模、品种不一样，农作物的价格不一样，产生的经济效益也不一样，定额很难确定。但如不采用定期定额方式，又会增加纳税人的负担。同时，由于家庭农场基本由经营者个人自行建立流水账形式进行核算，没有聘请专业财务人员，也未设置规范的账簿凭证，劳务报酬支出也难以取得有效的“合法凭证”，基本上也无法采用基于互联网的“自行申报”的税收征管办法。

六、家庭农场的利润分配和扩大再生产

分配是最敏感的环节，而且是决定合作社成败的关键因素。家庭农场要承担生活费用和生产费用两方面的开支。家庭农场作为一个独立生产经营单位，有着两种功能：一是生产，二是生活。因此，家庭农场的收入要用在如下两个方面，即生活费用和生产费用。

在保证生产逐年稳定提高的前提下，家庭农场应尽快达到生产费用自理，同时要达到设备自筹，房屋自建，形成完整的生产能力，不断提高家庭农场的收入水平。因此，家庭农场的收入中，只有生活费用才与传统概念的家庭收入有可比性，也只有这部分收入才能算作个人所得。因此，应该区分生产费用和生活费用。

家庭农场所得收入，是土地资源、设备、人力很好结合起来生产的财富，因

此家庭农场的收入不能完全认为是个人劳动所得的收入，应该去除维持土地生产能力所必需的费用、维持经营者必要的生活费用以及农场发展所需的资金。在抛去以上各项费用后，所余下的生活费用代表着家庭成员的富裕程度，这部分资金供家庭成员自由支配，是农场取得的净收益。

七、家庭农场的风险控制

农业与工业不同，天然存在着风险高的特征。对于家庭农场而言，随着经营规模的扩大，风险也在相应扩大，必须有一个良好的风险控制体系，重点防控好自然风险、疫病风险、市场风险、制度风险和社会风险等五大风险。

1. 自然风险

农业区别于工业的最大风险是自然风险。农业是从自然界获取劳动成果的，因此农业基本无法避免自然风险，只能通过避灾救灾减少影响。比如，播种时的干旱少雨，如果没有灌溉，则可能无法播种错过农时；再如，作物生长过程中的冰雹、旱涝、冷热灾害随时会发生，2013 年春天的“倒春寒”使陕西苹果开花受冻严重，至少有 250 万亩的苹果产量受到影响；另外，成熟季节的农作物，可能因为冰雹等突发的恶性自然灾害导致产量大幅损失甚至颗粒无收。防范自然风险，虽然国家的政策性农业保险制度还在完善，但已经提供了基本的风险保障，要注意运用好这一政策。同时，还可以考虑农业商业保险。一些农业技术措施也可起到缓解作用，比如，近年苹果产区发展较快的防雹网建设，一次性投入较大，但防范冰雹的能力明显提升。

2. 动植物疫病风险

口蹄疫的暴发可能导致养殖场的偶蹄动物整体死亡或者被国家强制扑杀，对生猪、牛羊养殖威胁很大，必须以最严格的措施防范。至于一般的动物常见疫病，往往也会造成动物死亡或者商品性丧失。再如，小麦、玉米的流行病害或容易暴发的虫灾，往往会导致产量极大的损失，像这两年严重发生的小麦吸浆虫、玉米黏虫等，防控不及时，产量损失极大。

在动植物疫病风险的防控上，主要是严格的技术管理和持之以恒的严密防控心态，一旦出现麻痹，往往付出惨痛代价。这两年讲的养殖企业“拼管理”，其实主要是技术管理，疫病损失越少，养殖效益才能越好，就像足球场上比的是谁的失误少。

3. 市场风险

市场风险不论工业、农业均要面对,但农业的市场风险更残酷,这是因为农产品的一些特殊属性决定的。由于农产品多为鲜活农产品,所以保质期十分短暂,必须在收获时节的极短时间内出售,否则可能腐烂变质一文不值。即使那些保质期长的农产品与工业品的保质期相比,也是差距甚远。于是就形成了农产品常见的难卖问题,一到集中收获季节,往往量大价跌,供大于求,不仅效益下降,而且浪费惊人。应对市场风险,一方面,要重视农产品市场分析,避免陷入"丰收陷阱";另一方面,要加强生产的组织化程度,通过行业协会、订单农业、合作社联合等方式,稳定市场,畅通产后渠道,保障收益。

4. 制度风险

制度风险是系统性的,家庭农场个体一般无法应对,常见的就是政策的变动。比如,在前些年政策还比较宽松的时候,畜牧养殖场是可以建在基本农田上的,当地的政府也是允许的,甚至还有鼓励政策,但随着国家土地政策的日趋严厉,基本农田的畜牧养殖场是不允许建立的,已经建立的只有拆除,这个损失对养殖场显然是巨大的。再比如,一些地方为发展地方经济而鼓励的小型产业项目,承诺有优惠政策,也宣布有订单保障,但往往随着地方领导变迁,可能人走政息,政策难以落实,订单更无从谈起,参与项目者损失惨重。应对制度风险,需要家庭农场的负责者重视地方产业政策的研究,摆正经营思想,科学选择产业,避免因一时投机取巧而付出沉痛代价。不过,正常的国家优惠政策是应该积极争取的,这是应得的国民待遇,不应拒之不理。

5. 社会风险

这个风险过去叫农民的道德风险,是由于农民对市场经济规则的不懂不问、不遵不守而引发的,常见的是土地流转纠纷。对多数的家庭农场而言,自有土地是少数,更多的土地靠流转,而经营农业的人都知道,土地经营权的长期稳定是投资农业的首要前提。在实际中,因为种种原因,农民突然违约强行收回流转土地的情形屡见不鲜,并引发严重社会事件。最一般的结局往往是当地政府为维稳大局而对农民息事宁人,使规模经营者蒙受损失。更有严重的,农民在规模经营者经营状况明显改观之际,公然哄抢或破坏,更是法难责众。应对这一风险，要学会同农民打交道，多从农民的角度考虑问题，在长期的土地流转合同上要留给农民3～5年调整一次流转租金的机会，主动协调，避免被动；同时，要善于运用流出土地农民的剩余劳动力，给他们就业机会，重视社会沟通，减少抵制情绪；还要注意乡村党政力量的沟通，力求矛盾发生时的公正评判。

八、家庭农场的可追溯体系

1. 建立家庭农场可追溯体系的意义

近几年，全国各地纷纷出现各种食品安全事件。2013年，恒天然集团奶粉中检出肉毒杆菌、沃尔玛"挂驴头卖狐狸肉"、台湾牛奶被检含避孕药、台湾在食物中发现"毒淀粉"顺丁烯二酸事件、湖南一些大米镉含量超标，给人们的生活带来非常大的不安全感。食品安全成为国人最为关注的公共事件。大家都希望找到一种能够比较彻底的提高农产品食品安全的途径。

建立农产品可追溯体系被公认为是一种有效的监督手段。什么叫做"农产品可追溯"？简而言之，如果一种食品是可追溯的话，那么我们在农产品从农田到餐桌的供应链上的任何一个阶段都可以知道这种食品是谁生产的，在什么地方（地块或大棚），生产过程中使用了哪些投入品？这种可追溯体系把生产者的责任和消费者的担心联系起来，使得消费者可以充分了解这些农产品是否是按照符合安全的方法生产的，从而买得放心，吃得放心。

一些发达国家早已开始通过立法的方式推广农产品可追溯体系，目的是提高这些国家农产品和食品的安全性①。2002年，美国国会通过"生物反恐法案"，提出"实行从农场到餐桌风险管理"。这些国家对食品安全实行强制性管理，要求企业必须建立产品可追溯制度。2005年1月，欧共体制定新的法规，要求在欧盟内销售的牛肉制品和生鲜水果、蔬菜都必须具备食品可追溯功能，以保证饮食安全。同时，要求出口到欧盟的肉类产品从2005年1月起，必须具备可追溯功能，否则不允许上市销售。此外，还禁止不具备可追溯性的食

---

① 国际标准化组织（ISO）和欧共体管理法规（178/2002）将食品可追溯体系定义为"在生产、加工及销售各个环节中对食品、饲料、食用性动物及有可能成为食品或饲料，组成成分的所有物质追溯或追踪能力"。

品进口。挪威对食品实行产品跟踪标签制。自2003年起,市场上所有零售食品均将实行产品跟踪标签制,除规定农药残留等可测量技术性指标,在食品生产环境等方面提出最广泛要求。日本建立强制性可追溯体系,要求本国所有牛肉制品从农场到餐桌全程跟踪①。笔者在日本参观的时候,看到进入市场销售的蔬菜水果箱子上都标有家庭农场的名称和生产日期、农药花费投入记录等,为的就是让消费者放心,如果出现问题,肯定能找到生产者,其实这就是一种可追溯体系。

我国消费者不仅要吃饱,更加要吃好,吃得健康。多年实践证明,农产品质量安全管理需要建立长效机制,需要落实责任管理,建立农产品质量安全追溯系统。这既是构建农产品安全管理长效机制的重要内容,又是落实责任管理的重要保障,同时也是发达国家的通行做法和发展趋势。作为家庭农场而言,比小规模农户具有优势的一点就是注重产品质量和品牌声誉,而且确实能够为自己的产品给出来源。由此建立农产品可追溯体系成为家庭农场的更高层次的目标,也是农场管理和产品营销的“题中之意”。

许多家庭农场都有建立农产品可追溯体系的意愿。但是,根据我们的经验,并不是想做就可以做成农产品可追溯体系。因为,建立起“严格的”农产品可追溯体系需要具备一定的外部条件和内部条件。现在,外部条件基本落实,内部条件就显得非常有必要了。首先,家庭农场要具备超前意识。农产品可追溯的关键在于认真记录同农产品生产有关的信息,需要把播种、灌溉、施肥、打农药、收获等相关的信息一点不漏地记录下来,建立每种农产品的档案,从而保证随时可以查到任何环节的存档记录。明白建立可追溯体系的意义,愿意付出成本和时间去建立自己的产品可追溯体系。其次,产品品种相对集中,如果产品品种过多,在运输、加工、包装等各个环节需要增加很多工作,成本增加了,监管的难度也提高了。

2. 建立家庭农场可追溯体系步骤

(1) 地块编号

为了使农事记录同地块或者大棚能够联系,我们需要对家庭农场的地块或大棚进行编号。编号码的意义同给人取名一样,使地块与地块、大棚与大棚之间能够区别开来。编号以后,大棚可以用比较牢固的材料挂在大棚入口处,

---

① 周莉,刘明春.食品可追溯体系研究现状.粮食与油脂,2008(7)

也可以用油漆直接写在塑料大棚上。地块的编号是需要制作牢固的标识牌，不同的是插在地块的前面。

农田可追溯体系编号方法必须统一，采用两组代码。第一组是家庭农场代码，第二组是地块或大棚代码。家庭农场代码在最前面，我们建议用拼音字母的第一个字母。比如，山东锦绣果树家庭农场，可以写成 SDJX。地块或大棚编码写在后面，建议用 4 位阿拉伯数。比如编号 1 的大棚或者地块可以使用 0001，编号第 101 号就可以写成 0101。

上述工作完成以后，家庭农场可以开始对编号进行登记，登记内容包括：①大棚或者地块家庭农场名字；②种植农产品的品种；③其他信息，比如该土地从哪一家流转过来的，或者以前种植过什么农产品等。

从事农产品可追溯性工作必须注意：不允许把可追溯性体系以外的农产品混入可追溯农产品当中来。

（2）农事记录

所谓农事记录，就是把同一大棚内或者地块中的同一农产品生产的所有的相关情况记录下来。虽然听上去做这项工作非常烦琐，实际操作起来却相当简单，就是所谓的记流水账。其实，我们生产农产品的时候，并不是每日都在施肥打药，仅仅把这些农事记录下来，每月没有几行。关键是需要事先设计出简单实用的记录表格。

种植业农事记录表包括：①工作编码。工作编码是指对每项农事活动进行编号。为了方便使用，建议在制表的过程中直接编码。②日期。日期指的是农事活动的日期，如果同一天从事多件农事，可以记录在同一行内。③使用农药。每次使用农药必须记录。记录内容包括使用农药的品名、剂量以及兑水的浓度。由于不同厂家的农药配方存在差异，需要在备注中写明农药生产厂家、批号等内容。④使用化肥。每次使用化肥都需要记录。记录内容包括肥料的名称、用量以及施用方式。⑤使用除草剂。每次使用除草剂也都需要记录。记录内容包括肥料的名称、用量以及施用方式。⑥其他农田活动。农业生产是相当复杂的，我们不可能把所有的农事都列在表格上，因此使用专门的“其他农事”。凡是使用农药、化肥、除草剂以外的农事都可以记录在“其他农事”的列内。这些农事包括灌溉、套袋、收获、使用激素等。农民专业合作社在培训的过程中，不同农户之间存在意识差异。为了确保记录工作做好，农民专业合作社必须指定专人来负责这项工作，也可以请在校的大学生或者研究生来承担这项工作。负责人需要经常对农户进行访问，检查他们的农事记录，发现问题及时纠正。监管人员在检查农事记录后，登记检查日期，以备核查。

完成一件工作需要经历很多步骤，不同步骤对结果成功与否的影响力度是不相同的。有些步骤属于关键步骤，所谓“纲举目张”，一旦出现问题，“一着不慎，满盘皆输”；然而有些不重要的小步骤，即使出现些小问题，也可以纠正，或者后来补过。我们把这些关键的步骤点称为控制点。在农产品种植过程中，家庭农场按时记录是农产品可追溯体系在生产阶段的控制点。农产品收获的过程中，在采摘筐上贴标签，不混淆从不同田块收获的农产品也是控制点。

从田头到加工车间之间有一定的距离，采摘的农产品需要运输到车间加工。短途运输的关键是不让水果或蔬菜框子上的吊牌掉落。一旦发现吊牌遗失的情况，需要及时补上。

很多农产品收获后需要储藏，以备长年供货。因此，这类农产品收货以后，必须存放在大的储存箱中，放人冷库，等到发货的时间才拿出来分级包装。

（3）分级和包装

对已经建立农产品可追溯体系的产品，第一种是直接对农产品进行分级，第二种情况是对存储在冷库内储存箱中的农产品进行分级。无论哪一种分级，都必须对不同地块或大棚的农产品分别进行分级，以免混淆。

分级包装完成后，农产品的可追溯码后面就增加了有关加工信息的代码，即加工代码。加工代码由3段组成：①代码名称，这里用JG，即“加工”拼音的第一个字母；②批次，即当日加工的批次，建议用4位阿拉伯数字；③加工日期，如果是2010年10月30日加工的第10批次的农产品，可以写成：JG 0010 10 10 30。生产代码加上加工代码，就成为完整的农产品可追溯代码。加工代码可以用粘贴纸贴在装货的纸箱外（筐上挂标签），完成后需要立即登记。

家庭农场接到超市、酒店或经销商的订单后，需要准备发货。与农产品可追溯体系有关的发货工作有两部分：一是在包装箱或者装货筐上面贴上农产品可追溯条码，二是把农产品可追溯相关的信息传送给超市、酒店或经销商。

农民专业合作社的加工车间到超市的物流配送中心之间的距离，需要通过长途货运来解决。最好的方案是合作社有自己的货运卡车。可是在起步阶段，一般的合作社不太可能有足够的经济实力来购置货运卡车，主要还得依靠专业的物流公司。

需要注意的是，同普通的农产品相比较，建立可追溯体系的农产品在生产过程中往往投入的人力和物力大，成本高。为了避免运输过程中无谓损耗和意外状况影响农产品的质量，家庭农场应该尽可能寻找注册资本大、信用度高、运输经验丰富的物流公司。

在农产品装车的时候，需要把同一个可追溯编号的农产品集中在一起，以便于在卸货的时候也可以集中，减少采购商挑选货物的时间。因为超市、采购商需要给农产品做小包装，并在包装上打上可追溯编码，以便顾客查询。

家庭农场需要准备货物清单两份，一份由货运卡车驾驶员转交给超市物流配送中心的收货员，另一份贴在开门即可见到的货物纸箱上。这份清单将跟随货物，直接张贴在库房货堆上，提供给开箱分装人员使用。货物清单的格式与上表基本相同。

货物交付装货卡车到达超市、采购商的物流配送中心后，由司机把“订单确认表”、“装货确认表”以及上文提到的货物清单交给物流配送中心的收货员，然后收货人员验收货物。收货员在收货单上签字以后，整个从田头到市场物流配送中的农产品可追溯体系程序宣告完成。

案例：廊下草莓有了“身份证”

上海市金山区果园引进可追溯系统，廊下草莓有了“身份证”(草莓也有自己的“身份证”)。近日，在金山区廊下镇的金果果蔬种植专业合作社，记者拿起手机，扫描其中一个草莓包装盒上的二维码，通过网上的上海市农产品可追溯平台，可以轻松查到“JG00321－121 号棚(连栋棚)”、“农户邵彬(联系电话)”、“金果果蔬种植专业合作社”等农产品相关信息。

邵彬是这家果蔬种植专业合作社的负责人，他说：“统一的二维码可追溯系统，能让消费者吃到放心安全的农产品。”据介绍，该专业合作社的草莓，前几年已通过农产品的无公害和绿色认证。这次由政府牵头的草莓可追溯平台建设，是该合作社草莓标准化技术生产的延续和升级。

由于金果果蔬种植专业合作社栽种的草莓严格按照标准化技术生产，生产的草莓鲜美红嫩，质量有保证，所以，每斤售价 40 元左右，还供不应求。据统计，2013 年金果果蔬种植专业合作社销售收入达 150 万元；仅 2014 年春节期间，农产品销售收入就达 3.5 万元。他们的“鑫品美”品牌，也成为金山区草莓品牌整合的一块“金字招牌”。

目前,金果果蔬种植专业合作社现种植着红颜、章姬、枥乙女等多个草莓品种。和以往外地育苗不同的是,2014 年他们已开始自己小规模育苗了,他们说将来还会继续扩大育苗规模。技术人员还说,这里的草莓品种目前还都是“舶来品”。时下,自主研发新的草莓品种,逐渐成为市场所需。未来合作社的草莓品种,他们打算自己组培。

沿着种植基地里的一条 400 米的主干道前行,两旁大棚内栽种的各个品类的草莓,正一茬接一茬地生长。现在,这里一共有 100 多小连栋大棚和 1 个草莓采摘玻璃温室。草莓采摘玻璃温室内,立架栽培草莓和盆栽草莓不仅供观赏,采下来的草莓还能直接品尝。“盆栽草莓也能自己带回去欣赏,一盆 20 元。”这里的工作人员说。

位于基地西侧的,是标准化水产养殖场,养殖特色鱼类、小龙虾等,鱼塘周围的小木屋目前已基本建成,游客可在小木屋旁垂钓休闲。“周末来这里玩的人很多。”邵彬告诉记者,游客不仅能在这里吃草莓、买草莓,还能休闲疗养、放松自我。

——上海市人民政府网,2014－02－18

九、农产品“三品一标”认证

民以食为天,食品安全一直是民生关注的热点。随着消费者对安全优质农产品的需求增加,家庭农场迎来迅速发展的时机。家庭农场保证农产品的生产质量,不仅可以促进农场增效、家庭增收,而且有助于自身的可持续发展。家庭农场具有提高农产品质量安全的经济动力,也具有提升农产品质量的条件。进行农产品的“三品一标”认证是农产品标准化、家庭农场进行绿色管理和绿色营销的重要措施。家庭农场作为新型农业经营组织被提出后,我国不少地区也出台政策鼓励和支持家庭农场基础设施建设,引导家庭农场加强农产品质量安全建设,鼓励和引导家庭农场申请无公害农产品、绿色食品、有机食品认证和使用农产品地理标志。

“三品一标”认证是指无公害农产品、绿色食品、有机农产品和农产品地理标志。通俗一点说就是,农产品地理标志主要说明农产品来源于特定地域。无公害农产品、绿色食品、有机食品都是经质量认证的安全食品;无公害农产品是绿色食品和有机食品发展的基础,绿色食品和有机食品是在无公害农产品基础上的进一步提高;无公害农产品、绿色食品、有机食品都注重生产过程的管理，无公害农产品和绿色食品侧重于对影响产品质量因素的控制，有机食品侧重对影响环境质量因素的控制。

1. 建立地理标志农产品注册

农产品地理标志，是指标示农产品来源于特定地域，产品品质和相关特征主要取决于自然生态环境和历史人文因素，并以地域名称冠名的特有农产品标志。此处所称的农产品是指来源于农业的初级产品，即在农业活动中获得的植物、动物、微生物及其产品。地理标志，就像是涪陵榨菜、金华火腿、奉节脐橙一样，一看到农产品让人想到某一具体的生产地区，这一地区决定了产自该地的产品所具有的一些风味独特、广受欢迎的特质。农产品的品质和声誉来自该地。这些品质是由产地决定的，因此，产品与原产地之间存在一种特有的规定"联系"。因为家庭农场一般是生产食品的初级产品，所以可以获得农产品的地理标志。

根据我国《农产品地理标志管理办法》规定，如果家庭农场想要获得农产品地理标志，应该去省级人民政府农业行政主管部门进行登记申请。

消费者把地理标志理解为代表产品原产地和品质的标记。许多地理标志已获得了富有价值的声誉。如果不对其加以适当保护，那么从事不正当商业行为的人就可能从中鱼目混珠。未经授权的当事方以虚假方式使用地理标志的行为，有损于消费者和合法生产者。消费者会受到蒙骗，误以为他们所购买的是具有特殊品质和特点的真货，而实际上他们所购买的是一种毫无价值的赝品。合法生产者也会蒙受损失，因为别人抢走了他们有价值的生意，同时也损害了其已得到公认的产品声誉。前面讲的商标是企业为使其商品和服务有别于其他企业所使用的一种标志。商标注册人具有排除他人使用该商标的权利。而地理标志则是告诉消费者一件产品是在某地生产并具备某些与该生产地有关的特性。在地理标志所指的地方生产其产品，并且其产品共有特殊品质的所有生产者均可使用这一地理标志。地理商标一般在一定的地区内生产具备该特点农产品的商户都可以使用。

2. 无公害农产品如何认证

家庭农场在交易活动中，产品质量是关键。但要保证农产品的质量，就应对农产品的生产和流通制定相应的种植标准和操作规范，形成一整套农产品标准体系作为农产品流通的“通行证”。这样既可以减少交易环节，还可建立追溯体系，保障农产品的质量安全。可是，目前由于受农产品的品种繁多、生产分散和技术落后等因素的影响，我国农产品还没有形成完善的标准体系，直接影响农场的市场开拓。

无公害农产品与绿色产品和生态产品相比，是最低的一个等级认证，但也是农产品质量安全管理的重要内容。无公害食品是按照相应生产技术标准生产的、符合通用卫生标准、并经有关部门认定的安全食品。严格来讲，无公害是食品的一种基本要求，普通食品都应达到这一要求。其中的农药残留、重金属、亚硝酸盐等有害物质的含量都应控制在国家允许的范围内，人们食用后才不会对健康造成危害。家庭农场按照无公害农产品生产质量控制措施，从组织领导、技术措施、投入品管理、产地保护和产品检测等多个方面，严格按无公害农产品技术规程进行操作，使产地环境和产品达到真正意义上的无公害农产品，这是家庭农场开始进行绿色管理和绿色营销的起步条件。

通过无公害农产品认证，采取产地认定与产品认证相结合的模式，运用了从“农田到餐桌”全过程管理的指导思想，强调以生产过程控制为重点、以产品管理为主线、以市场准入为切入点，就可以一方面保证百姓日常生活中离不开的“菜篮子”和“米袋子”产品的消费安全；另一方面，由于这个认证推行“标准化生产、投入品监管、关键点控制、安全性保障”的技术制度，从产地环境、生产过程和产品质量3个重点环节控制危害因素含量，保障农产品的质量安全促进农产品质量提升，能够获得购买方的青睐和价格方面的优惠。

要想获得无公害农产品认证，家庭农场应该作为申请主体，具备国家相关法律法规规定的资质条件，具有组织管理无公害农产品生产和承担责任追溯的能力。申请人可以直接向所在县级农产品质量安全工作机构（简称“工作机构”)提出无公害农产品产地认定和产品认证一体化申请。

3. 绿色农产品如何认证

绿色食品，是指遵循可持续发展原则，按照特定生产方式生产，经专门机构认定，许可使用绿色食品标志，无污染的安全、优质、营养类食品。

家庭农场应该在生产、加工过程中按照绿色食品的标准，禁用或限制使用化学合成的农药、肥料、添加剂等生产资料及其他可能对人体健康和生态环境产生危害的物质，并实施“从土地到餐桌”全程质量控制，“安全、优质、营养”的理念，体现的是绿色食品的质量特性。这不仅是获取高端市场订单的敲门砖，而且也是获得可持续经营的主要条件。

绿色食品标志是中国绿色食品发展中心在国家工商行政管理总局商标局注册的证明商标。受《中华人民共和国商标法》保护，中国绿色食品发展中心作为商标注册人享有专用权，包括独占权、转让权、许可权和继承权。未经注册人许可，任何单位和个人不得使用。

绿色食品分为A级和AA级，AA级绿色食品与有机食品遵守相同的原则和标准。自然资源和生态环境是食品生产的基本条件，由于与生命、资源、环境相关的事物通常冠之以“绿色”，为了突出这类食品出自良好的生态环境，并能给人们带来旺盛的生命活力，因此将其定名为“绿色食品”。

无污染、安全、优质、营养是绿色食品的特征。无污染是指在绿色食品生产、加工过程中，通过严密监测、控制，防范农药残留、放射性物质、重金属、有害细菌等对食品生产各个环节的污染，以确保绿色食品产品的洁净。绿色食品的优质特性不仅包括产品的外表包装水平高，而且还包括内在质量水准高。产品的内在质量又包括两方面：一是内在品质优良，二是营养价值和卫生安全指标高。

为了与普通食品区别开，绿色食品由统一的标志来标识。绿色食品标志由特定的图形来表示。绿色食品标志图形由三部分构成：上方的太阳、下方的叶片和蓓蕾，象征自然生态；颜色为绿色，象征着生命；农业、环保标志图形为正圆形，意为保护、安全。整个图形描绘了一幅明媚阳光照耀下的和谐生机，告诉人们绿色食品是出自纯净、良好生态环境的安全、无污染食品，能给人们带来蓬勃的生命力。绿色食品标志还提醒人们要保护环境和防止污染，通过改善人与环境的关系，创造自然界新的和谐。

绿色食品标志　　　　有机食品标志

4. 有机食品如何认证

食品安全等级最高的是有机食品，如有可能，家庭农场应该拥有有机食品的认证。在消费者追求食品安全的今天，这无异于拿到了进入高端市场、制定高价格的“市场入场券”。

有机食品是指来自于有机农业生产体系的食品，有机农业是指一种在生产过程中不使用人工合成的肥料、农药、生长调节剂和饲料添加剂的可持续发展的农业，它强调加强自然生命的良性循环和生物多样性。

为促进食品安全，保障人体健康，防止农药、化肥等化学物质对环境的污染和破坏，由通过资格认可的注册有机食品认证机构依据有机食品认证技术准则、有机农业生产技术操作规程，对申请的农产品及其加工产品实施规定程序的系统评估，并颁发证书，该过程称为有机食品认证。认证以规范化的检查为基础，包括实地检查、可追溯体系和质量保证体系的实施。

食品认证机构通过认证证明该食品的生产、加工、贮存、运输和销售点等环节均符合有机食品的标准。有机食品认证范围包括种植、养殖和加工的全过程。有机食品认证的一般程序包括：生产者向认证机构提出申请和提交符合有机生产加工的证明材料，认证机构对材料进行评审、现场检查后批准。中国现在生产的有机食品大部分出口。有意从事有机食品生产、加工及认证的企业可以咨询中华人民共和国辽宁出入境检验检疫局植检处（大连）、中国质量认证中心（简称 CQC，各省、市、区认证分中心）、国家环保总局有机食品发展中心（南京）或农业部中绿华夏有机食品发展中心（简称 COFCC，北足）。

第六章　家庭农场的发展前景

随着农村土地流转与规模经营的推进，家庭农场将成为农业经营的重要模式之一。未来这一新型经营主体将受到持续关注。家庭农场以农民家庭成员为主要劳动力，以农业经营收入为主要收入来源，利用家庭承包土地或流转土地，从事规模化、集约化、商品化农业生产，在我国是一种新型农业经营主体。无论是2013年的中共中央"一号"文件，还是最近农业部下发的《关于促进家庭农场发展的指导意见》，还是李克强总理在政府报告中提及的，都说明了国家对这一经营主体的重视。作为一种新事物，还有许多方面值得我们去探索。

一、未来家庭农场发展的可能类型及特点

家庭农场是一个非常广泛的概念，分类方法也各不相同。我们从地理环境角度，对今后在国内可能会发展起来的家庭农场的一些主要类型，进行简单的盘点和说明。

1. 城郊型家庭农场

位于都市边缘的"家庭休闲农场"，其区位好、交通便利，农场主有较为专业的能力。自然条件优异，基础设施完备，主要满足城市居民休闲放松，提供养生、生态教育、欣赏田园风光的服务。

2. 过渡型家庭农场

位于城市"卫星"的乡镇，以设施农业为主要经营业态，区位好、投资大、希望和风险并存，不受限于传统农业旧观念，可吸引消费者以更高的价格购买新创意农产品。

3. 乡村型家庭农场

更趋向于传统农业文化，属于体验型农业。着重展示乡村具有的传统文化、乡村独有的特色农业、乡村的传统节庆等，承载着建立特色乡村，提升农民社会地位的任务。

4. 偏远型家庭农场

此类农场一般远离城市，交通不便，人口稀少，农业资源结构较单一，农业用地成规模，污染少，生态资源保护较好，适合发展较大规模、单一品种、集约化、机械化的“家庭农场”，发展突破口是基础设施建设(道路、水利等)、品种改良。

由此可见，无论哪种家庭农场，均具有明确的边界范围、良好的农业景观、较为便利的交通和农舍，都具备向旅游休闲延伸的基本属性。

二、家庭农场的发展趋势

家庭农场是在土地流转、农业经营体制机制创新的基础上发展起来的新型农业经营主体。据统计，目前，全国家庭农场发展的数量已达 87.7 万个，由此可见，家庭农场具有广泛的实用性和强大的生命力。未来的中国农业经营主体，可能主要有家庭农场、专业大户和兼业农户组成，可以肯定的是，我国相当长时间内仍会以小规模经营农户为主，但土地流转形成的、以家庭农场为主要形式的、新型农业经营主体，将是我国商品农产品生产的主体，是我国农业现代化的主体，是食品安全监管主体，因而，也是未来我国农业社会化服务体系服务的主体。其未来的发展将呈现以下趋势。

1. 经营运作模式日益科学化

家庭农场的培育应以农户自发形成、政府适当引导为原则，不强求，不强制。从经营者角度来说，能经营、会管理、懂技术、敢创新、会沟通、善协调的新型职业农民将是家庭农场的主要经营者。从发展模式角度，因地制宜，结合当地的自然资源特色、文化特色、传统消费习惯来选择发展项目，要积极参与品牌创建工作，形成“品牌＋家庭农场”的发展新模式。大力推广种养结合、有机循环模式的家庭农场，最好能把优美的乡村自然景观和观光体验农业，把城市居民的参与、体验、休闲、尝鲜结合进来，发展休闲农业和乡村旅游。在生产上，实现农业生产的规模化、集约化、商品化农业生产。依靠农业科技、机械化等方式，提高和增加农业生产经营过程中的附加价值，延伸经营链条应该是主流。

2. 组织方式由个体走向联合，低端走向高端

从组织的角度来说，家庭农场由个体走向联合，是未来家庭农场发展的重要趋势。通过"专业合作社＋家庭农场"、"农业企业＋家庭农场"、"农业企业＋专业合作社＋家庭农场"等方式是家庭农场发展壮大的必然选择。家庭农场"联社"形式可以多样，可以是行业性的，也可以不分行业联合。经济关系可以是松散型的，也可以是紧密型的。但整体目的都是为了实现更高层次的组织化和集合发展。家庭农场联社基本形式，可以"股份合作制"为主。即以一定数量的家庭农场共同出资为基础，组成"家庭农场战略联盟"性质的"经济共同体"或"经营集群"，依靠集体力量，办一些"产加销、贸工农、多种经营"，集成开发一些新产业，争取在更高层次上做强做大产业，并在更高层次上推进农业组织化和规模化。"家庭农场联合体"的产生，是农业现代化建设的希望。

家庭农场的发展，会在新的基础上形成家庭农场之间的联合，也会与农村合作经济以及城镇工商企业进行联合。总之，今后由于家庭农场的发展与其他部门经济的联系会更紧密，将对国民经济的发展作出更大贡献。

3. 管理上逐步引进现代企业的管理方法和原理

家庭农场主必须按照企业管理模式来核算成本、加强管理、追逐利润，必须要适应市场、开拓市场，由于家庭农场实行规模化、集约化、商品化生产经营，因而具备较强的市场竞争能力。

农场内部生产经营活动要有组织性和计划性，建立明确的绩效考核制度，严格考核家庭农场每位人员在生产经营中的实际劳动和物化劳动消耗状况，要把"农场收支"与"家庭收支"等严格分开，正确反映农场劳动生产率和盈利状况。这是确立农场经营信心、改善经营管理，运用新技术、增强竞争紧迫感的重要依据，也是家庭农场实现利润最大化的重要条件。

在重视生产的同时，更要研究营销，不能等靠政府帮助销，要更多地自我走向市场、了解市场，积极主动地开拓市场，真正成为市场竞争的重要主体。家庭农场如果不与现代企业经营制度的许多法则原则结合起来，本质上仍是

小农的简单放大。国外许多家庭农场之所以长久，一个重要原因就是遵循企业化经营规则，以市场配置资源，严格计划和经济核算，同时，十分注意应用新技术和研究市场，追求利润而不是产量的最大化。

4. 生产上日益注重内涵扩大再生产

随着传统农业向现代化农业的转化，家庭农场成员的经营素质将会大大提高。家庭农场劳动者的智能、技能成为改造传统家庭经营的有力手段。今后家庭农场用于改善家庭经营和技术上的费用支出会大幅度增加，家庭农场经营者的价值观也会发生变化，即改善经营和技术的费用投入比增加劳动者和物资设备的费用投入更合算。工业经济的迅速发展，将为家庭农场生产方式的改进，提供重要的条件。可以预见，今后家庭农场会更充分地利用工业技术和设备，资金密集型和技术密集型的家庭农场也会更多地出现。因此，内涵型扩大再生产方式，将是家庭农场扩大再生产的主要类型。用增加劳动者数量扩大家庭经营规模的办法，今后会越来越少，更多的是采用新技术、改善经营的办法来增加家庭农场的经济效益。

总之，家庭农场是未来农村发展的一个方向。对消费者意味着可以有更加专业化的农民来提供更安全的食品。对农民意味着可以管理更多土地，进行集约化、规范化的经营，一定程度上能解决融资和农产品销售中的一些难题。归纳国内外家庭农场发展实践经验，未来我国家庭农场的发展势必会呈现出：注重科学规划、合理布局，依托资源、差异发展，与时俱进、不断创新，产研结合、周到服务，政府扶持、民间拉动，网络营销、宣传推介，示范带动、强农富民，回报社会、合作共赢，注重生态、着眼长远等趋势。

三、推进家庭农场发展的对策

家庭农场最终将成为我国农业生产中的主要经营主体，但这并不意味着家庭农场会自然的、自发的在我国健康稳步地发展起来，政府必须为家庭农场的发展创造必要的条件和环境。对家庭农场的支持是一个系统工程，包括很多方面，如，科技、资金、保险、信息、市场、基础设施等。

1. 积极引导土地向家庭农场流转

我国家庭农场的主要特征是实现规模经营和集约经营。要实行集约经营,就有必要对土地及其设施进行长期投资。这就需要农场所经营的土地具有长期稳定性,使农场主对农场发展有一个长期规划,愿意对土壤改良、农地平整、排灌设施、生产性厂房、大型机械设备等进行投资,因为他预期会从长期经营中收回这些成本。但我国现有的土地承包制不利于家庭农场对所经营的农地的稳定性预期。流转的土地只有使用权,承包农户由于各种原因如租金纠纷随时可以收回或威胁收回承包地,这种情况在各地时有发生。而且随着时间的推移,家庭农场与承包农户之间的矛盾会越来越突出,即使有正规流转合同也不能消除家庭农场主的这种担心和忧虑。要改变这一状况,唯有对现行土地制度进行改革。

一是加快推进农村土地产权的确权颁证。确权颁证,赋予农民清晰而完整的土地产权是实现土地顺利流转的重要条件,必须保障农民拥有对土地的占有、使用权。鼓励有条件的地方将土地确权登记、互换并地与农田基础设施建设相结合,整合高标准农田建设等项目资金,建设连片成方、旱涝保收的农田,引导流向家庭农场等新型经营主体。二是让市场机制在土地交换中发挥决定性作用,健全土地流转市场,加强土地流转平台建设,建立健全县、乡、村三级流转服务体系,开展流转供求信息、合同指导、价格协调、纠纷调解等服务,引导土地依法、自愿、平稳流转。在尊重农民意愿的前提下,积极推广委托流转、股份合作流转、季节性流转等方式,推进整村整组连片流转,提高规模经营水平。推广实物计租货币结算、租金动态调整、土地入股保底分红等利益分配方式,稳定土地流转关系,保护流转双方合法权益。三是建立土地优先向家庭农场流转的机制,以扶持资金为导向,建立分层、分级的补助标准,鼓励土地转出户与家庭农场签订中长期租赁合同,发展稳定而适度的规模经营。实现让农地在市场上不受对象、地域限制自由交易,承包户可以在市场上转让或出租农地,家庭农场可以在市场上购买或租赁农地,并且这种交易受到法律保护。

2. 尽快建立家庭农场认定制度

农民合作社有自己的法律法规,专业大户也是较明确的概念,家庭农场也必须给予明确的内涵。在对"家庭农场"这一概念的理解中,有的人把农民出租土地给城市居民,由后者种出果蔬、供自己食用的"开心农场"当做家庭农场;有的把"农家乐"式的休闲农业与家庭农场混为一谈;有的农场不是由家庭成员来经营或从事非农产业,却自称家庭农场等。如果家庭农场的界定含糊不清的话，必然使它的登记注册制度难以得到规范的建立与执行。因此，加强对家庭农场的界定，是建立健全家庭农场登记注册制度的首要前提。

一是要明确它的经济体地位。家庭农场是农业企业，需要工商注册，遵守一切市场经济的法律法规，享有决策自主权，能够按照企业本身制定的发展方向发展。二是要明确土地流转对象及时间问题。明确哪些人和企业能够成为土地流转的授予对象。要明确流转给家庭农场的土地时间具有长期性，要保持家庭农场土地规模的稳定。同时，政府农业部门要确定家庭农场工商注册的基本条件，保证注册后的企业能够健康发展。

在总结各地实践经验的基础上，明确家庭农场的认定标准和必要条件应主要包括：经营者资格、劳动力结构、收入构成、经营规模限度、流转土地租期、规范化管理水平等。

3. 大力培育具有企业家素质的新型职业农民

农场主需要有一定的专业知识、管理经验，并熟悉有关的法律法规知识，应具有较高的综合素质。但我国现在许多地方的农业、农村发展都面临着“农无传人”的威胁，素质较好的农村劳动力纷纷转向农村非农产业或城市就业，农业经营者的素质普遍不高。

各级政府应认识到培育家庭农场主的重要性和迫切性，制定培育家庭农场主这些新型农民群体的综合计划和具体措施，通过各项支持政策吸引那些年轻、有知识且具有开拓精神和创新意识的人愿意把农业经营当做一生追求的伟大事业，把农民作为终身职业。不断完善政府对职业农民培育的支持政策，各级政府应增加财政支出，实行职业农民教育培训经费政府买单，调动社会各方面的积极性，发挥现有各类培训资源的作用，构建政府扶助、面向市场、多元化的职业农民培育体系。需要强调的是，培育新型职业农民要有一个门槛条件，主要鼓励和支持年轻、有知识的人当职业农民，有意识地改变我国农业经营者老龄化的倾向。

职业农民培育应以农业种养大户的培植为切入点，积极开展针对农民专业合作组织，家庭农场、农产品加工户、农家乐、休闲观光农业的经营管理人员，农产品经纪人，农业服务组织骨干等各类人员的培训。重点培养生产技能型、经营管理型、技术服务型和市场营销型等适应现代农业发展要求和符合市场需求的职业农民，不断提高培育职业农民的质量。此外，要培养一批大中专毕业生成为职业农民，改善职业农民队伍的文化结构。加快提高家庭农场主及成员的文化素质、技术素质、商品意识、市场意识和经营管理水平，造就一大批现代家庭农场主和农民企业家。

4. 加大财政、金融和保险服务的力度

对家庭农场的扶持要有长期目标。家庭农场具有企业的性质，但它又是较为特殊的农业企业，需要政府在资金和技术上的支持，并且这种支持政策要有长期性，要在家庭农场真正发展壮大之后，才能逐渐减少。没有资金保障，家庭农场的大规模出现是危险的。

一是加大对家庭农场的财政支持，各级政府要设立家庭农场专项发展资金，用于示范性家庭农场评选，制定示范性家庭农场标准，对经营规模较大、经营效益明显、社会责任感强的家庭农场予以表彰。要优先安排国家支农补贴、良种补贴、农机具补贴、农资补贴等向其倾斜，要优先安排家庭农场承担农田水利设施建设、中低产田改造、农业综合开发、土地整理、测土配方施肥和新品种、新技术应用推广等方面的项目。二是创新农村金融服务。鼓励金融机构针对家庭农场等规模经营主体扩大有效抵押担保物范围，发展创新家庭农场贷款担保，简化担保手续，可采取一户多保、土地反担保、联场担保、抵（质）押等方式，确保信贷资金到位，支持家庭农场利用大型农机具、农村居民房屋产权、林权和土地承包经营权抵押贷款。三是加强农业保险对家庭农场的支持。建立家庭农场的风险分散机制非常重要，尤其重要的是建立政府支持的农业巨灾风险补偿基金，并根据当地作物特点扩大保险范围，尽量分散家庭农场经营者面临的风险。

5. 强化家庭农场发展的社会化服务支撑体系

家庭农场的经营规模和集约经营的水平受制于社会化服务体系。要加快构建以公共服务机构为依托、合作经济组织为基础、龙头企业为骨干、其他社会力量为补充，公益性服务和经营性服务相结合、专项服务和综合服务相协调的新型农业社会化服务体系。采取政府订购、定向委托、奖励补助、招投标等方式，引导经营性组织参与公益性服务，大力开展农技推广、农机作业、抗旱排涝、统防统治、产品营销、农资配送、信息提供等各项生产性服务，满足家庭农场对社会化服务的需求。要积极引导和扶持家庭农场组建农业合作社为家庭农场提供产前、产中、产后服务，使其成为家庭农场连接市场的纽带。大力培育农业产业化龙头企业，为家庭农场提供良种、农机、植保以及农产品加工、储

运、销售等一体化服务。逐步推进村级标准化服务站点建设。为每个服务站建立农技、农机、管水、运销四支专业服务队伍，开展“机耕全年包，管水专人搞；农户不留种，统一供良种；农药不进户，病虫专人防；化肥运到村，技术送到户；产品有品牌，销售有人包”等服务项目，建设配套的农机库、修配库、种子库、肥药库、燃料库和农服人员工作室等“五库一室”。选择有一定资质（种养大户、文化水平较高）的村民担任村级技术服务员和联络员，并对其进行系统的培训。

第七章 国家有关部门关于家庭农场发展的文件

附录一：农业部关于促进家庭农场发展的指导意见

农经发〔2014〕1 号

近年来，各地顺应形势发展需要，积极培育和发展家庭农场，取得了初步成效，积累了一定经验。为贯彻落实党的十八届三中全会、中央农村工作会议精神和中央 1 号文件要求，加快构建新型农业经营体系，现就促进家庭农场发展提出以下意见。

一、充分认识促进家庭农场发展的重要意义

当前，我国农业、农村发展进入新阶段，要应对农业兼业化、农村空心化、农民老龄化，解决谁来种地、怎样种好地的问题，亟须加快构建新型农业经营体系。家庭农场作为新型农业经营主体，以农民家庭成员为主要劳动力，以农业经营收入为主要收入来源，利用家庭承包土地或流转土地，从事规模化、集约化、商品化农业生产，保留了农户家庭经营的内核，坚持了家庭经营的基础性地位，适合我国基本国情，符合农业生产特点，契合经济社会发展阶段，是农户家庭承包经营的升级版，已成为引领适度规模经营、发展现代农业的有生力量。各级农业部门要充分认识发展家庭农场的重要意义，把这项工作摆上重要议事日程，切实加强政策扶持和工作指导。

二、把握家庭农场基本特征

现阶段，家庭农场经营者主要是农民或其他长期从事农业生产的人员，主要依靠家庭成员而不是依靠雇工从事生产经营活动。家庭农场专门从事农业，主要进行种养业专业化生产，经营者大都接受过农业教育或技能培训，经

营管理水平较高，示范带动能力较强，具有商品农产品生产能力。家庭农场经营规模适度，种养规模与家庭成员的劳动生产能力和经营管理能力相适应，符合当地确定的规模经营标准，收入水平与当地城镇居民相当，能实现较高的土地产出率、劳动生产率和资源利用率。各地要正确把握家庭农场特征，从实际出发，根据产业特点和家庭农场发展进程，引导其健康发展。

三、明确工作指导要求

在我国，家庭农场作为新生事物，还处在发展的起步阶段。当前主要是鼓励发展、支持发展，并在实践中不断探索、逐步规范。发展家庭农场要紧紧围绕提高农业综合生产能力、促进粮食生产、农业增效和农民增收来开展，要重点鼓励和扶持家庭农场发展粮食规模化生产。要坚持农村基本经营制度，以家庭承包经营为基础，在土地承包经营权有序流转的基础上，结合培育新型农业经营主体和发展农业适度规模经营，通过政策扶持、示范引导、完善服务，积极稳妥地加以推进。要充分认识到，在相当长时期内，普通农户仍是农业生产经营的基础，在发展家庭农场的同时，不能忽视普通农户的地位和作用。要充分认识到，不断发展起来的家庭经营、集体经营、合作经营、企业经营等多种经营方式，各具特色、各有优势，家庭农场与专业大户、农民合作社、农业产业化经营组织、农业企业、社会化服务组织等多种经营主体，都有各自的适应性和发展空间，发展家庭农场不排斥其他农业经营形式和经营主体，不只追求一种模式、一个标准。要充分认识到，家庭农场发展是一个渐进过程，要靠农民自主选择，防止脱离当地实际、违背农民意愿、片面追求超大规模经营的倾向、人为归大堆、垒大户。

四、探索建立家庭农场管理服务制度

为增强扶持政策的精准性、指向性，县级农业部门要建立家庭农场档案，县以上农业部门可从当地实际出发，明确家庭农场认定标准，对经营者资格、劳动力结构、收入构成、经营规模、管理水平等提出相应要求。各地要积极开展示范家庭农场创建活动，建立和发布示范家庭农场名录，引导和促进家庭农场提高经营管理水平。依照自愿原则，家庭农场可自主决定办理工商注册登记，以取得相应市场主体资格。

五、引导承包土地向家庭农场流转

健全土地流转服务体系，为流转双方提供信息发布、政策咨询、价格评估、合同签订指导等便捷服务。引导和鼓励家庭农场经营者通过实物计租、货币结算、租金动态调整、土地经营权入股保底分红等利益分配方式，稳定土地流转关系，形成适度的土地经营规模。鼓励有条件的地方将土地确权登记、互换并地与农田基础设施建设相结合，整合高标准农田建设等项目资金，建设连片成方、旱涝保收的农田，引导流向家庭农场等新型经营主体。

六、落实对家庭农场的相关扶持政策

各级农业部门要将家庭农场纳入现有支农政策扶持范围，并予以倾斜，重点支持家庭农场稳定经营规模、改善生产条件、提高技术水平、改进经营管理等。加强与有关部门沟通协调，推动落实涉农建设项目、财政补贴、税收优惠、信贷支持、抵押担保、农业保险、设施用地等相关政策，帮助解决家庭农场发展中遇到的困难和问题。

七、强化面向家庭农场的社会化服务

基层农业技术推广机构要把家庭农场作为重要服务对象，有效提供农业技术推广、优良品种引进、动植物疫病防控、质量检测检验、农资供应和市场营销等服务。支持有条件的家庭农场建设试验示范基地，担任农业科技示范户，参与实施农业技术推广项目。引导和鼓励各类农业社会化服务组织开展面向家庭农场的代耕、代种、代收，病虫害统防统治，肥料统配统施，集中育苗育秧，灌溉排水，贮藏保鲜等经营性社会化服务。

八、完善家庭农场人才支撑政策

各地要加大对家庭农场经营者的培训力度，确立培训目标，丰富培训内容，增强培训实效，有计划地开展培训。要完善相关政策措施，鼓励中高等学校特别是农业职业院校毕业生、新型农民和农村实用人才、务工经商返乡人员等兴办家庭农场。将家庭农场经营者纳入新型职业农民、农村实用人才、“阳光工程”等培育计划。完善农业职业教育制度，鼓励家庭农场经营者通过多种形式参加中高等职业教育提高学历层次，取得职业资格证书或农民技术职称。

九、引导家庭农场加强联合与合作

引导从事同类农产品生产的家庭农场通过组建协会等方式，加强相互交流与联合。鼓励家庭农场牵头或参与组建合作社，带动其他农户共同发展。鼓励工商企业通过订单农业、示范基地等方式，与家庭农场建立稳定的利益联结机制，提高农业组织化程度。

十、加强组织领导

各级农业部门要深入调查研究，积极向党委、政府反映情况、提出建议，研究制定本地区促进家庭农场发展的政策措施，加强与发改委、财政、工商、国土、金融、保险等部门协作配合，形成工作合力，共同推进家庭农场健康发展。要加强对家庭农场财务管理和经营指导，做好家庭农场统计调查工作。及时总结家庭农场发展过程中的好经验、好做法，充分运用各类新闻媒体加强宣传，营造良好社会氛围。

国有农场可参照本意见，对农场职工兴办家庭农场给予指导和扶持。

农业部

2014 年 2 月 24 日

附录二:中国人民银行关于做好家庭农场等新型农业经营主体金融服务的指导意见

中国人民银行上海总部,各分行、营业管理部,各省会(首府)城市中心支行,各副省级城市中心支行;国家开发银行、各政策性银行、国有商业银行、股份制商业银行、中国邮政储蓄银行;交易商协会:

为贯彻落实党的十八届三中全会、中央经济工作会议、中央农村工作会议和《中共中央国务院关于全面深化农村改革加快推进农业现代化的若干意见》(中发〔2014〕1 号)精神,扎实做好家庭农场等新型农业经营主体金融服务,现提出如下意见:

一、充分认识新形势下做好家庭农场等新型农业经营主体金融服务的重要意义。家庭农场、专业大户、农民合作社、产业化龙头企业等新型农业经营主体是当前实现农村农户经营制度基本稳定和农业适度规模经营有效结合的重要载体。培育发展家庭农场等新型农业经营主体,加大对新型农业经营主体的金融支持,对于加快推进农业现代化、促进城乡统筹发展和实现“四化同步”目标具有重要意义。人民银行各分支机构、各银行业金融机构要充分认识农业现代化发展的必然趋势和家庭农场等新型农业经营主体的历史地位,积极推动金融产品、利率、期限、额度、流程、风险控制等方面创新,合理调配信贷资源,扎实做好新型农业经营主体各项金融服务工作,支持和促进农民增收致富和现代农业加快发展。

二、切实加大对家庭农场等新型农业经营主体的信贷支持力度。各银行业金融机构对经营管理比较规范,主要从事农业生产、有一定生产经营规模、收益相对稳定的家庭农场等新型农业经营主体,应采取灵活方式确定承贷主体,按照“宜场则场、宜户则户、宜企则企、宜社则社”的原则,简化审贷流程,确保其合理信贷需求得到有效满足。重点支持新型农业经营主体购买农业生产资料、购置农机具、受让土地承包经营权、从事农田整理、农田水利、大棚等基础设施建设维修等农业生产用途,发展多种形式规模经营。

三、合理确定贷款利率水平,有效降低新型农业经营主体的融资成本。对于符合条件的家庭农场等新型农业经营主体贷款,各银行业金融机构应从服务现代农业发展的大局出发，根据市场化原则，综合调配信贷资源，合理确定利率水平。对于地方政府出台了财政贴息和风险补偿政策以及通过抵质押或引入保险、担保机制等符合条件的新型农业经营主体贷款，利率原则上应低于本机构同类同档次贷款利率平均水平。各银行业金融机构在贷款利率之外不应附加收费，不得搭售理财产品或附加其他变相提高融资成本的条件，切实降低新型农业经营主体融资成本。

四、适当延长贷款期限，满足农业生产周期实际需求。对日常生产经营和农业机械购买需求，提供1年期以内短期流动资金贷款和1至3年期中长期流动资金贷款支持；对于受让土地承包经营权、农田整理、农田水利、农业科技、农业社会化服务体系建设等，可以提供3年期以上农业项目贷款支持；对于从事林木、果业、茶叶及林下经济等生长周期较长作物种植的，贷款期限最长可为10年，具体期限由金融机构与借款人根据实际情况协商确定。在贷款利率和期限确定的前提下，可适当延长本息的偿付周期，提高信贷资金的使用效率。对于林果种植等生产周期较长的贷款，各银行业金融机构可在风险可控的前提下，允许贷款到期后适当延期。

五、合理确定贷款额度，满足农业现代化经营资金需求。各银行业金融机构要根据借款人生产经营状况、偿债能力、还款来源、贷款真实需求、信用状况、担保方式等因素，合理确定新型农业经营主体贷款的最高额度。

原则上，从事种植业的专业大户和家庭农场贷款金额最高可以为借款人农业生产经营所需投入资金的70%，其他专业大户和家庭农场贷款金额最高可以为借款人农业生产经营所需投入资金的60%。家庭农场单户贷款原则上最高可达1000万元。鼓励银行业金融机构在信用评定基础上对农民合作社示范社开展联合授信，增加农民合作社发展资金，支持农村合作经济发展。

六、加快农村金融产品和服务方式创新，积极拓宽新型农业经营主体抵质押担保物范围。各银行业金融机构要加大农村金融产品和服务方式创新力度，针对不同类型、不同经营规模家庭农场等新型农业经营主体的差异化资金需求，提供多样化的融资方案。对于种植粮食类新型农业经营主体，应重点开展农机具抵押、存货抵押、大额订单质押、涉农直补资金担保、土地流转收益保证贷款等业务，探索开展粮食生产规模经营主体营销贷款创新产品；对于种植经济作物类新型农业经营主体，要探索蔬菜大棚抵押、现金流抵押、林权抵押、应收账款质押贷款等金融产品；对于畜禽养殖类新型农业经营主体，要重点创新厂房抵押、畜禽产品抵押、水域滩涂使用权抵押贷款业务；对产业化程度高的新型农业经营主体，要开展“新型农业经营主体＋农户”等供应链金融服务；对资信情况良好、资金周转量大的新型农业经营主体要积极发放信用贷款。人民银行各分支机构要根据中央统一部署，主动参与制定辖区试点实施方案，因地制宜，统筹规划，积极稳妥推动辖内农村土地承包经营权抵押贷款试点工作，鼓励金融机构推出专门的农村土地承包经营权抵押贷款产品，配置足够的信贷资源，创新开展农村土地承包经营权抵押贷款业务。

七、加强农村金融基础设施建设，努力提升新型农业经营主体综合金融服务水平。进一步改善农村支付环境，鼓励各商业银行大力开展农村支付业务创新，推广 POS 机、网上银行、电话银行等新型支付业务，多渠道为家庭农场提供便捷的支付结算服务。支持农村粮食、蔬菜、农产品、农业生产资料等各类专业市场使用银行卡、电子汇划等非现金支付方式。探索依托超市、农资站等组建村组金融服务联系点，深化银行卡助农取款服务和农民工银行卡特色服务，进一步丰富村组的基础性金融服务种类。完善农村支付服务政策扶持体系。持续推进农村信用体系建设，建立健全对家庭农场、专业大户、农民合作社的信用采集和评价制度，鼓励金融机构将新型农业经营主体的信用评价与信贷投放相结合，探索将家庭农场纳入征信系统管理，将家庭农场主要成员一并纳入管理，支持守信家庭农场融资。

八、切实发挥涉农金融机构在支持新型农业经营主体发展中的作用。农村信用社（包括农村商业银行、农村合作银行）要增强支农服务功能，加大对新型农业经营主体的信贷投入；农业发展银行要围绕粮、棉、油等主要农产品的生产、收购、加工、销售，通过“产业化龙头企业＋家庭农场”等模式促进新型农业经营主体做大做强。积极支持农村土地整治开发、高标准农田建设、农田水利等农村基础设施建设，改善农业生产条件；农业银行要充分利用作为国有商业银行“面向三农”的市场定位和“三农金融事业部”改革的特殊优势，创新完善针对新型农业经营主体的贷款产品，探索服务家庭农场的新模式；邮政储蓄银行要加大对“三农”金融业务的资源配置，进一步强化县以下机构网点功能，不断丰富针对家庭农场等新型农业经营主体的信贷产品。农业发展银行、农业银行、邮政储蓄银行和农村信用社等涉农金融机构要积极探索支持新型农业经营主体的有效形式，可选择部分农业生产重点省份的县（市），提供“一对一服务”，重点支持一批家庭农场等新型农业经营主体发展现代农业。其他涉农银行业金融机构及小额贷款公司，也要在风险可控前提下，创新信贷管理体制，优化信贷管理流程，积极支持新型农业经营主体发展。

九、综合运用多种货币政策工具，支持涉农金融机构加大对家庭农场等新型农业经营主体的信贷投入。人民银行各分支机构要综合考虑差别准备金动态调整机制有关参数，引导地方法人金融机构增加县域资金投入，加大对家庭农场等新型农业经营主体的信贷支持。对于支持新型农业经营主体信贷投放较多的金融机构，要在发放支农再贷款、办理再贴现时给予优先支持。通过支农再贷款额度在地区间的调剂，不断加大对粮食主产区的倾斜，引导金融机构增加对粮食主产区新型农业经营主体的信贷支持。

十、创新信贷政策实施方式。人民银行各分支机构要将新型农业经营主体金融服务工作与农村金融产品和服务方式创新、农村金融产品创新示范县创建工作有机结合，推动涉农信贷政策产品化，力争做到“一行一品”，确保政策落到实处。充分发挥县域法人金融机构新增存款一定比例用于当地贷款考核政策的引导作用，提高县域法人金融机构支持新型农业经营主体的意愿和能力。深入开展涉农信贷政策导向效果评估，将对新型农业经营主体的信贷投放情况纳入信贷政策导向效果评估，以评估引导带动金融机构支持新型农业经营主体发展。

十一、拓宽家庭农场等新型农业经营主体多元化融资渠道。对经工商注册为有限责任公司、达到企业化经营标准、满足规范化信息披露要求且符合债务融资工具市场发行条件的新型家庭农场，可在银行间市场建立绿色通道，探索公开或私募发债融资。支持符合条件的银行发行金融债券专项用于“三农”贷款，加强对募集资金用途的后续监督管理，有效增加新型农业经营主体信贷资金来源。鼓励支持金融机构选择涉农贷款开展信贷资产证券化试点，盘活存量资金，支持家庭农场等新型农业经营主体发展。

十二、加大政策资源整合力度。人民银行各分支机构要积极推动当地政府出台对家庭农场等新型农业经营主体贷款的风险奖补政策，切实降低新型农业经营主体融资成本。鼓励有条件的地区由政府出资设立融资性担保公司或在现有融资性担保公司中拿出专项额度，为新型农业经营主体提供贷款担保服务。各银行业金融机构要加强与办理新型农业经营主体担保业务的担保机构的合作，适当扩大保证金的放大倍数，推广“贷款＋保险”的融资模式，满足新型农业经营主体的资金需求。推动地方政府建立农村产权交易市场，探索农村集体资产有序流转的风险防范和保障制度。

十三、加强组织协调和统计监测工作。人民银行各分支机构要加强与地方政府有关部门和监管部门的沟通协调，建立信息共享和工作协调机制，确保对家庭农场等新型农业经营主体的金融服务政策落到实处。要积极开展对辖区内各经办银行的业务指导和统计分析，按户、按金融机构做好家庭农场等新型农业经营主体金融服务的季度统计报告，动态跟踪辖区内新型农业经营主体金融服务工作进展情况。同时要密切关注主要农产品生产经营形势、供需情况、市场价格变化，防范新型农业经营主体信贷风险。

请人民银行各分支机构将本通知转发至辖区内相关金融机构，并做好贯彻落实工作，有关落实情况和问题要及时上报总行。

中国人民银行
2014 年 2 月 13 日

附录三：关于印发《中央财政农民专业合作组织发展资金管理办法》的通知

财农〔2013〕156 号

各省、自治区、直辖市、计划单列市财政厅(局)，新疆生产建设兵团财务局：

为加强和规范中央财政农民专业合作组织发展资金使用管理，提高财政资金使用效益，我部对《中央财政农民专业合作组织发展资金管理暂行办法》(财农〔2004〕87 号)进行了修订。现将修订后的办法印发给你们，请遵照执行。

财政部
2013 年 7 月 23 日

附件：

中央财政农民专业合作组织发展资金管理办法

第一章　总　则

第一条　为加强和规范中央财政农民专业合作组织发展资金(以下简称合作组织发展资金)使用管理，提高财政资金使用效益，根据《中华人民共和国预算法》、《中华人民共和国农民专业合作社法》等有关规定，制定本办法。

第二条　合作组织发展资金是指中央财政预算安排，用于支持各省、自治区、直辖市、计划单列市(以下简称各地)加快农民专业合作组织发展，提高农民组织化程度的专项资金。

第三条　本办法所称农民专业合作组织包括农民专业合作社、股份合作社，农民用水合作组织，专业技术协会等。

第二章　扶持条件和范围

第四条　合作组织发展资金扶持的农民专业合作组织应符合下列条件：

（一）依据有关规定注册登记，具有符合“民办、民管、民享”原则的农民合作组织章程；

（二）财务管理制度完善，符合民主管理决策等规范要求；

（三）服务网络健全，能有效地为合作组织成员提供农业专业服务；

（四）具备管护能力，能确保项目形成的资产长期发挥作用；

（五）合作组织成员原则上不少于100户，同时具有一定的产业基础。

第五条　合作组织发展资金重点支持的范围：

（一）引进新品种和推广新技术；

（二）提供专业技术、管理知识培训及服务；

（三）组织标准化生产；

（四）农产品初加工、整理、储存和保鲜；

（五）获得认证、品牌培育、市场营销和信息咨询等服务；

（六）推动农民专业合作组织创新发展；

（七）改善服务手段和提高管理水平的其他事项。

第三章　资金分配和下达

第六条　合作组织发展资金考虑粮食产量（产区）、地方财力、农业产值比重、农民专业合作组织发展情况、各地工作水平和其他相关因素进行分配。

第七条　根据资金分配方案，财政部将合作组织发展资金切块下达各地财政部门。

第八条　各地财政部门在接到财政部下达的资金后，应尽快按照有关规定制定具体实施方案，及时做好资金下达工作。

第四章　资金管理和使用

第九条　合作组织发展资金由各地财政部门实行项目管理。

第十条　各地财政部门可根据实际情况采取竞争立项、专家评审等方式，择优确定扶持对象。

第十一条 合作组织发展资金可采取直接补助、以奖代补、先建后补、贷款贴息等多种补助方式。

第十二条 项目所在地的县级财政部门具体负责合作组织发展资金使用的管理，实行严格的报账制，按照财政国库管理制度有关规定做好资金支付，并根据职责分工及时组织项目验收。

第五章 监督检查

第十三条 受扶持的农民专业合作组织要向全体合作组织成员公开、公示资金的使用情况。

第十四条 合作组织发展资金按照《农民专业合作社财务会计制度(试行)》(财会〔2007〕15号)等有关规定纳入财务管理与核算，专款专用，所形成的资产归农民专业合作组织成员共同所有，由农民专业合作组织监事会监督。

第十五条 各级财政部门要加强对合作组织发展资金使用管理情况的监督检查，特别是要充分发挥乡镇财政就近就地监管优势，切实加大巡查、检查力度。

第十六条 对违反本办法及相关法律法规制度规定，虚报、冒领、截留、挤占、挪用资金的，依照《财政违法行为处罚处分条例》(国务院令第427号)等有关规定追究法律责任。

第六章 附 则

第十七条 各地财政部门应当根据本办法，结合本地实际情况，制定实施细则，并报财政部备案。

第十八条 新疆生产建设兵团农民专业合作组织发展资金管理办法按照上述规定执行。

第十九条 本办法自2013年8月23日起施行。财政部2004年7月16日印发的《中央财政农民专业合作组织发展资金管理暂行办法》(财农〔2004〕87号)同时废止。

附录四：河南省人民政府办公厅关于推动全省都市生态农业发展的指导意见

豫政办〔2014〕128号

各省辖市、省直管县(市)人民政府，省人民政府有关部门：

为加快我省都市生态农业发展，根据省委九届七次全会和《中共河南省委河南省人民政府关于全面深化农村改革加快推进农业现代化的实施意见》(豫发〔2014〕2号)精神，经省政府同意，现提出如下意见，请认真贯彻落实。

一、重要意义

都市生态农业是城市化发展到一定阶段，适应城乡一体化发展的要求，在都市区域范围内紧密依托城市科技、人才、资金、市场优势，进行集约化生产的农业，是以服务城市、繁荣农村、富裕农民为导向，以现代农业产业体系为载体，以现代科学技术、物质装备、人才队伍、经营方式为保障，以经济效益、社会效益、生态效益相统一为目标的新型农业形态。

发展都市生态农业，有利于充分利用城市现代工业、科技装备，大幅度地提高农业生产力水平，为城乡居民提供优质、生态、安全的鲜活农产品，满足城乡社会消费需求；有利于发展休闲农业、观光农业、体验农业，为都市居民提供接触自然、体验农业以及观光、休闲的场所与条件，丰富群众精神文化生活；有利于城郊生态功能建设，营造优美宜人的生态景观，维护生态平衡，改善自然环境，提高生活环境质量；有利于促进农业与第二、三产业深度融合，带动城乡资源双向流动，对发展都市周边经济、促进社会稳定、缩小城乡收入差距、推进城乡发展一体化等都具有十分重要的现实意义。各级、各有关部门要高度重视，科学规划，采取有力措施，推动全省都市生态农业快速健康发展。

二、发展思路

以科学发展观为指导，按照城乡发展一体化的要求，立足区位优势和资源优势，以特色种植业、设施园艺业、生态休闲业、创意农业和农产品加工业等为主体，以生态环境建设和实现经济社会可持续发展为重点，实施中心城市带动战略，形成以郑洛都市区和郑州航空港区为龙头，以省辖市城乡一体化示范区为支撑，以县城为补充，点线面相衔接、大中小相配套的都市生态农业发展局面。到2020年，把都市生态农业区域初步建设成为“菜篮子”产品重要供给区、农业先进生产要素聚集区、农业多功能开发先行区、农业标准化样板区、农产品物流核心区和生态农业示范区，率先实现“三农”协调发展，使农业综合生产能力明显增强，农民收入持续较快增长，农村公共服务水平大幅提升，实现农业强、农村美、农民富。

三、工作重点

（一）搞好规划布局。要将都市生态农业纳入城市建设发展战略和规划，与城镇化规划结合起来，与土地利用总体规划相衔接，为都市生态农业发展预留一定的发展空间。郑州、洛阳市以及郑州航空港有一定的人口规模和消费能力，有较大的市场需求，要积极发挥带头作用，先行先试，先行发展。实施中心城市带动战略，在中原城市群城市建设1小时都市生态农业圈，重点发展会展农业、创意农业、设施农业等高效农业。同时，坚持大、中、小城市相结合，建设以其他省辖市城区为中心、辐射周边县（市）的半小时都市生态农业圈，重点发展设施农业、休闲观光农业和乡村旅游业等。各地要在保障粮食安全的基础上，积极发展都市生态农业，统筹处理发展粮食生产和都市生态农业的关系。

（二）抓好“菜篮子”工程建设。严格落实“菜篮子”市长负责制，切实加强“菜篮子”工程建设领导，确保“菜篮子”产品稳定供给，保障和改善市民生活。重点抓好蔬菜、果品、禽蛋、鲜奶和肉类、水产品等鲜活农产品生产，稳步提高自给能力。大力扶持全省“菜篮子”基地建设，进一步加强对老菜地的保护，在城市周边地区合理规划建设新菜地，重点建设省辖市城区周边的直供蔬菜基地。积极发展城市周边适度规模的特色生态养殖，提升城市畜产品市场供给能力。

（三）大力发展休闲和观光农业。抓好休闲和观光农业示范园区创建、知名品牌培育、服务体系建设、乡土文化挖掘、精品线路打造等工作，保护古村落、古民居、古树名木和乡村风貌，着力培育一批主题鲜明、特色突出的市民农园、民居农庄、民俗观光村和农业公园等农业旅游重点景区。完善休闲农业与乡村旅游基础设施，提升旅游综合接待能力和整体水平，构建环城市游憩带。

认定一批省级都市生态农业示范区，积极创建国家级、省级休闲农业和乡村旅游示范点。进一步推动创意农业发展，注重对知名品牌的保护，加强对地理标志、著名商标的规范管理。按照“村容整洁环境美”的要求，切实抓好改路、改水、改厕、垃圾处理、污水处理、广告清理等工作。实施绿化美化工程，大力发展城市近郊苗木、花卉产业，建设一批天蓝、地绿、水净，安居、乐业、增收的宜居、宜业、宜游的“美丽乡村”。

（四）加强农业生态环境建设。进一步加强城郊园林和绿地建设，将郊区不适宜种植农作物的荒滩、荒地纳入绿化美化用地规划，减少裸露农田和扬尘。建立农产品产地生态环境污染监测网点，开展实时动态环境质量监测，保障农业生态安全和农产品质量安全。大力推广小麦、玉米等农作物秸秆过腹还田技术，减少秸秆焚烧对环境造成的污染。加大农业面源污染防治力度、控制农药、化肥使用。发展农牧结合循环经济，推进畜禽粪污资源化利用。推进以沼气池建设为重点的农村生态循环经济发展，规范农业投入品使用。支持推广农业物理和生物防控技术，减少化学农药用量。发展节能农业，开发利用太阳能、生物质能、风能等可再生能源。

（五）大力发展农产品精深加工业和流通业。大力培育和壮大农业产业化龙头企业，组织实施现代农业产业化集群培育工程，重点打造米、面、肉、乳、果蔬、油脂等12类农业产业化集群，形成一批产值超亿元、带动农民超千户的现代农业产业化集群。认真做好农产品产销对接工作，发挥农业信息化的引导作用，统筹规划全省农产品流通网络布局，加快建设以郑州市为中心、以区域性中心城市为节点、在全国有影响的产地农产品批发市场和集散地批发市场。积极发展业态多样、便民、安全的城乡鲜活农产品零售网点，不断完善覆盖城乡的“菜篮子”零售终端网络。加快建设大宗农产品现代化仓储物流设施，进一步完善鲜活农产品现代冷链物流体系。

（六）加强农产品质量安全监管。认真执行农业投入品登记、生产、经营、使用和市场监督等管理制度。完善农产品质量安全风险评估、产地准出、市场准入等质量追溯监管制度。全面开展农产品质量安全例行监测和执法检查，围绕关键季节、重点区域和品种，在都市生态农业区域的农产品产地和加工企业、农产品批发市场、集贸市场、超市、加工企业建立农产品质量监测点。大力推进无公害农产品、绿色食品、有机食品、农产品地理标志产品认证（登记）工作，提升农业标准化生产水平，促进农产品品牌化建设，提高农产品质量安全水平。

四、保障措施

（一）切实加强组织领导。发展都市生态农业是一项涉及部门多、领域广的系统工作，并具有一定的超前性。各级政府务必站在统筹城乡发展的全局高度，将都市生态农业发展作为新型农业现代化的重要内容，纳入重要议事日程，定期召开会议，及时沟通情况，研究解决发展过程中出现的各种问题，科学谋划，强力推进。各相关部门要结合本部门的职能，通力合作，密切配合，形成合力，多层面地推进都市生态农业发展。

（二）建立多元化投入机制。各级财政要安排相应的资金支持都市生态农业发展，现代农业、"菜篮子"工程、农业结构调整、农业产业化等项目资金要向都市生态农业倾斜。同时，积极引导社会资金投向都市生态农业建设，鼓励资源型企业和民营资本以协作、参股、合作、独资等多种形式参与发展都市生态农业。加强农业金融服务，对都市生态农业项目优先给予贷款支持。

（三）培育壮大新型农业经营主体。加大对专业种养大户、家庭农场、农民专业合作社和农业产业化龙头企业等新型经营主体的扶持力度，加快构建以农户家庭经营为基础、合作与联合为纽带、社会化服务为支撑的立体式复合型现代农业经营体系。稳定农业公共服务机构，健全绩效考核激励机制。采取财政扶持、税费优惠、信贷支持等措施，大力发展主体多元、形式多样、竞争充分的社会化服务，支持具有资质的经营性服务组织从事农业公益性服务。

（四）大力培育新型职业农民。充分发挥城市教育资源集聚的优势，统筹利用各类教育资源，加大农业职业教育和技术培训力度，培养造就一大批有文化、懂技术、会经营的新型职业农民，并使之成为发展都市生态农业的依靠力量。加大对新型职业农民就业、创业的政策扶持力度，帮助他们改善农业生产条件和装备水平，提高农业经营效益。

（五）抓好示范带动，促进交流合作。2014 年，确定郑州、开封、洛阳、许昌、新乡、焦作 6 个市先行开展试点，探索发展都市生态农业路子。各地要根据本地实际，坚持试点先行、以点带面的工作方法，优先选择积极性高、基础条件好、发展潜力大、示范引领作用强的地方开展试点，率先建设一批都市生态农业示范园区。要科学引导，防止出现一哄而上、全面开花的现象。要进一步规范和完善土地经营权，强化耕地保护意识，严禁借发展都市生态农业之机变相从事房地产开发等。要加强与国内都市农业发展先进地区和农业发达国家（地区）的交流合作，加大省外、境外都市生态农业项目招商引资力度，学习借鉴发展都市生态农业的先进理念和成功经验，促进全省都市生态农业健康发展。

河南省人民政府办公厅
2014年9月5日

附录五：河南省工商行政管理局关于做好家庭农场登记管理工作的意见

豫工商【2013】7号

各省辖市、省直管试点县（市）工商局：

为贯彻落实中央、国务院和省委、省政府有关鼓励支持家庭农场发展的文件精神，培育新型农业经营主体，进一步推动现代农业发展，根据有关法律法规规定，结合河南实际，现就全省家庭农场登记管理工作提出如下意见：

一、在本省行政区划内，以家庭成员为主要经营者，通过经营自己承包或租赁他人承包的农村土地、林地、山地、水域等，从事适度规模化、集约化、商品化农业生产经营的，均可以依法登记为家庭农场。

二、家庭农场登记适用的市场主体类型，由家庭农场经营者根据自身条件和发展需要，自主选择登记及组织形式。按照现行的登记制度和现有的市场主体类型，家庭农场可申请登记为个体工商户、个人独资企业，符合法律法规规定条件的，也可以申请登记为合伙企业或有限责任公司。

三、家庭农场登记由其经营场所（或住所）所在地县（市）工商局以及省辖市工商分局负责，可以委托符合条件的工商所以登记机关名义办理个体工商户家庭农场登记事务。

四、家庭农场名称中应当标注"家庭农场"字样。支持家庭农场以经营者姓名、商标作为字号，或以字号申请商标注册。

五、申请登记为个体工商户类型的家庭农场，依据《个体工商户条例》及相关规定办理登记。个体工商户家庭农场名称统一规范为"行政区划＋字号＋家庭农场"。

申请登记为个人独资企业类型的家庭农场，依据《个人独资企业法》及相关规定办理登记。个人独资企业家庭农场名称统一规范为"行政区划＋字号＋家庭农场"或"行政区划＋字号＋行业＋家庭农场"。

申请登记为合伙企业类型的家庭农场，依据《合伙企业法》及相关规定办理登记。合伙企业家庭农场名称统一规范为"行政区划＋字号＋家庭农场（普通合伙或有限合伙)”或“行政区划＋字号＋行业＋家庭农场(普通合伙或有限合伙)”。

申请登记为有限责任公司类型的家庭农场，依据《公司法》及相关规定办理登记。公司制家庭农场名称统一规范为“行政区划＋字号＋家庭农场＋有限(责任)公司组织形式”或“行政区划＋字号＋行业＋家庭农场＋有限(责任)公司组织形式”。

上述市场主体名称中使用行业用语的，应依照国民经济行业分类中有关农、林、牧、渔业细分类别用语表述。

六、家庭农场的经营场所(或住所)可以是经营者所在地家庭住址，也可以是种植、养殖地所在村址。家庭农场按个体工商户、个人独资企业、合伙企业形式举办的，其设立申请材料中无法提供经营场所权属证明的，可由所在村民委员会或乡(镇)政府出具该场所使用证明；按公司形式举办的，其住所登记按《公司登记管理条例》和国家工商总局有关规定办理。

七、家庭农场的经营范围，以农业种植、养殖为主，可以种养结合或兼营相关研发、加工、销售以及农场休闲观光服务。不涉及前置许可的可直接核定为“家庭农场经营”或依申请按具体项目核定；涉及前置许可的，应依法办理有关手续。

八、家庭农场申请人可按有关规定以货币、实物、土地承包经营权、知识产权、股权、债权、技术等多种形式、方式出资。家庭农场按个体工商户、个人独资企业、合伙企业举办的，其出资采用自行申报制；按公司形式举办的，其出资应符合其登记所依据的法律法规等有关规定。

九、登记为个体工商户、个人独资企业、合伙企业类型的家庭农场，可按有关转型升级政策规定，申请转办为有限责任公司类型的家庭农场。经登记的家庭农场，可按有关规定出资成为农民专业合作社的单位成员或公司的股东。

十、申请家庭农场设立登记，应按登记类型所规定的材料规范要求向登记机关提交登记材料。

十一、家庭农场变更、备案、注销登记和年检(验照)事项，按照相关法律、法规规定办理。

十二、家庭农场登记按有关规定免收登记费、年检(验照)费和营业执照工本费。

十三、各级工商部门要依法履行职责，加强行政指导，提升服务水平，认真做好登记管理服务工作，督促家庭农场诚信守法、合规经营，对其违法行为，应当依据相应的法律法规规定进行处理。

十四、本意见自印发之日起施行。施行期间，如国务院、省政府或国家工商总局出台有关家庭农场登记管理规定的，从其规定。此前，各地已登记的家庭农场，按本意见要求予以规范。

二〇一三年九月二十六日

附录六：河南省郑州市农业农村工作委员会关于印发郑州市示范家庭农场认定管理暂行办法的通知

郑农〔2014〕78 号

各县(市、区)农委，各有关单位：

为加快构建新型农业经营体系，进一步促进家庭农场向规范化、集约化方向发展，我委制定了《郑州市示范家庭农场认定管理暂行办法》，现印发给你们，请遵照执行。

郑州市示范家庭农场认定管理暂行办法

第一章　总　　则

第一条　为贯彻落实《农业部关于促进家庭农场发展的指导意见》(农经发〔2014〕1 号)精神，坚持家庭经营在农业中的基础地位，加快构建新型农业经营体系，促进家庭农场健康发展，规范示范家庭农场的创建与管理，参照《河南省示范家庭农场认定管理暂行办法》和《河南省工商行政管理局关于做好家庭农场登记管理工作的意见》(豫工商〔2013〕7 号)，结合我市实际，制定本办法。

第二条　家庭农场是指以农户家庭为基本经营单位、家庭成员为主要劳动力、农业收入为家庭主要收入来源，利用家庭承包土地或流转土地，从事农业规模化、集约化、商品化生产经营的新型农业经营主体。

经营者主要是农民或其他长期从事农业生产的人员，主要依靠家庭成员从事生产经营活动。家庭农场专门从事农业，主要进行种养业专业化生产，经营者接受过农业教育或技能培训，管理水平较高，示范带动能力较强，具有农产品生产能力。家庭农场经营规模适度，种养规模与家庭成员的劳动生产能力和经营管理能力相适应，达到一定的规模经营标准，收入水平与本地城镇居民相当，土地产出率、劳动生产率和资源利用率较高。

第三条　本办法所指示范家庭农场是指以家庭经营为基础，经工商注册登记，符合“主体明确、规模适度、管理规范、生产标准、效益明显”标准的家庭农场。

第四条　市级示范家庭农场的认定坚持“自愿申报、逐级审核、公平公开、择优认定”原则。认定工作每年开展一次，实行动态管理。

第五条　本办法适用于市级示范家庭农场的创建、申报和动态管理。县(市、区)农委要开展本辖区的达标家庭农场创建工作，并负责组织符合条件的达标家庭申报市级示范家庭农场，郑州市农委负责市级示范家庭农场的认定和管理。

第二章　申报条件

第六条　市级示范家庭农场，原则上从县(市、区)达标家庭农场中产生，经当地工商部门注册登记，从事专业生产 1 年以上，同时应具备以下条件。

(一) 主体明确。当地农民或长期从事农业生产的人员创办的在工商部门登记注册的家庭农场，其主要从业人员为家庭成员，生产管理制度齐全，实行财务核算管理。农业净收入占家庭农场总收益的 80%以上。

(二) 规模适度。经营规模与家庭成员的主要劳动能力相适应。签订有规范的土地流转合同，且流转年限不少于 5 年，在当地土地流转服务站备案，流转期限内不得转包。生产规模应达到：

从事粮油生产的土地面积相对集中且连片 100 亩以上；设施蔬菜(含瓜果，下同)在 15 亩以上或露地蔬菜在 30 亩以上；花卉种植面积在 20 亩以上；水果种植面积在 30 亩以上。

生猪年出栏 300 头以上，奶牛常年存栏 30 头以上，肉牛年出栏 100 头以上，羊年出栏 300 只以上，蛋鸡常年存栏 15000 只以上，肉鸡年出栏 30000 只以上；水产养殖面积在 50 亩以上。

以种植为主兼营采摘的农家乐，以水产养殖兼营垂钓体验的渔家乐的家庭农场面积 50 亩以上。

从事经营其他类型的家庭农场，按照当地县(市、区)农业部门认可的规模标准。

（三）管理规范。有固定的经营管理场所。生产经营记录完备，按照农场各项制度和生产标准严格农业投入品使用，有规范的生产（初级加工）、销售记录和会计核算，能真实反映农场生产经营状况。

（四）生产标准。生产设施装备与生产规模相配套，机械化水平较高或接受较高的社会化服务。实行标准化生产，生产记录齐全，产品使用或注册品牌，质量可追溯；遵守国家产业政策，生产经营活动诚信守法。从事畜禽养殖的家庭农场需取得《动物防疫条件合格证》和畜禽养殖登记备案。拥有自主品牌和注册商标的家庭农场优先推荐申报。

（五）效益明显。土地产出率、经济效益提升明显，家庭成员年人均纯收入高于本县（市、区）农民人均纯收入20%以上，对周边农户具有示范带动效应。

第七条　申报市级示范家庭农场须提供以下材料：

（一）市级示范家庭农场申报表；

（二）营业执照复印件；

（三）合法有效的农村土地承包经营权证明或土地流转合同（复印件）和清册；

（四）农场生产经营收支记录或会计核算账簿；

（五）农场执行的生产标准及相关管理制度；

（六）农场参与或直接进行的无公害、绿色、有机认证及商标注册等的证明材料；

（七）县（市、区）农委推荐证明。

第三章　评选认定程序

第八条　市级示范家庭农场评选认定按以下程序办理：

（一）自愿申报。对照市级示范家庭农场认定标准，由符合条件的家庭农场根据要求，自愿向注册登记所在地乡（镇、办）和县（市、区）提出申报要求，并递交申报材料。

（二）初审推荐。乡（镇、办）和县（市、区）农委应组织人员进行实地查看，对申报材料的真实性进行初审，初审通过后，由县（市、区）农委统一上报市农委,并附审核意见及相关申报材料。

（三）评审认定。市农委根据申报材料,组织相关人员进行审核,并通过商都农网向社会公示。经公示无异议后,由郑州市农委发文确认,并授予“郑州市示范家庭农场”称号。

第四章　奖励扶持

第九条　市级家庭农场优先获得国家、省、市家庭农场发展项目支持。农业产业引导资金优先用于扶持符合条件的家庭农场。

第十条　支持鼓励家庭农场参加农业保险和农业担保,并享受保险保费补贴等优惠政策。农业投资担保公司信贷资金优先支持家庭农场发展。

第十一条　支持鼓励有条件的家庭农场开展无公害农产品、绿色食品、有机食品、农产品地理标志“三品一标”的申报认证,建立完善的农产品质量追溯制度,提升产品质量。

第十二条　家庭农场扶持政策参照我市农民合作社扶持政策实施。开展对家庭农场土地流转奖补,鼓励土地流向家庭农场等新型农业经营主体,发展适度规模经营。

第十三条　家庭农场经营者优先纳入新型职业农民和农村实用人才等培训计划。支持家庭农场经营者通过多种形式的中高等职业教育提高学历层次,取得职业资格证书或农民技术职称。

第十四条　对评选为省级以上示范家庭农场的,给予一定的资金奖励。

第五章　监督管理

第十五条　市级示范家庭农场实行动态管理,优进劣汰。县(市、区)农委要建立家庭农场管理服务档案,负责本辖区家庭农场的日常管理和服务。

第十六条　有下列情形之一的,取消市级示范家庭农场资格,3 年内不得再次申报;情节严重的,建议工商部门依法吊销营业执照:

（一）申报示范家庭农场过程中提供虚假材料或存在舞弊行为的;

（二）家庭农场因经营不善,资不抵债破产、停止实质性生产或被兼并的;

（三）家庭农场经营中违反国家产业政策，存在违法行为的；

（四）家庭农场发生重大生产安全事故，发生产品质量安全问题受到处罚，造成不良社会影响的。

第六章　附　则

第十七条　本办法由郑州市农业农村工作委员会负责解释。

第十八条　本办法自发布之日起施行。

2014 年 7 月 28 日

附录七：河南省周口市农业局关于促进家庭农场发展的指导意见

周农[农经][2013]4号

各县(市)农业局、川汇区农林局：

为促进我市家庭农场健康发展，积极培育新型农业经营主体，提高全市农业生产经营水平，加快促进农业增效、农民增收、农村发展，根据2013年中央一号文件和中央农村工作会议精神，结合我市实际，特提出以下指导意见。

一、充分认识发展家庭农场的重要意义

家庭农场是指以农户家庭为基本单位，以家庭成员为主要劳动力，从事农业规模化、集约化、商品化生产经营，并以农业收入为家庭主要收入来源的新型农业经营主体。发展家庭农场是提高农业集约化经营水平的重要途径，可以进一步促进土地资源的优化配置，可以进一步激发农民的积极性，释放农业的潜力；家庭农场是推进农业转型升级、农业增效和农民增收的重要力量。我市是农业大市，农业、农村经济在全市国民经济发展中占有重要地位。近年来，市委、市政府提出了创建全国现代农业示范市的建设目标，加快培育家庭农场在内的各类新型农业经营主体是加快发展现代农业的关键和核心，是创建现代农业示范市的最基础环节。因此，全市各级农业部门要充分认识扶持家庭农场发展的重要意义，引导和支持具有一定生产规模和专业特长的农村专业大户成立家庭农场，以此促进当地农业、农村经济发展。

二、明确发展家庭农场的基本原则

(一) 积极引导的原则。各级农业部门要对已具备家庭农场雏形且从事农业生产经营的农户，引导其向家庭农场经营模式转变，同时积极引导对农业生产有热情、懂经营、会管理的农村能人创办农村家庭农场。

(二) 稳步发展的原则。在发展农村家庭农场工作中，要把握标准，稳步适度发展。着力创新家庭农场经营管理机制，指导其使用先进的生产技术和科学的管理手段，有序吸纳流转土地，扩大种植、养殖规模，实行农业标准化生

产，提高农业效益。

（三）示范带动的原则。对有特色、有规模的家庭农场，加强指导，培育亮点，逐步开展示范性家庭农场认证工作，重点扶持示范性家庭农场。通过培育亮点，示范带动，逐步发展壮大家庭农场。

三、把握家庭农场的基本特征

一般来说，家庭农场应具备以下基本特征：

（一）家庭农场经营者应为农业户籍，且年满18周岁以上，具有完全民事行为能力，可以独立进行民事活动。

（二）家庭农场主要劳动力以家庭成员为主，无常年雇工或常年雇工数量不超过家庭务农人员数量。

（三）家庭农场经营者具备一定的经济实力，并以农业收入为家庭主要收入来源，农业净收入应占其家庭总收入的80%以上。

（四）家庭农场经营的产业须符合当地区域经济发展整体规划，规模适度，相对集中连片，推广应用新品种、新技术，机械化操作水平较高，标准化程度较高，品牌意识和产品市场竞争力较强。从事畜禽养殖的家庭农场需取得《动物防疫条件合格证》和畜禽养殖登记备案。

（五）家庭农场经营规模达到一定标准并相对稳定。从事粮食作物生产为主的，土地租期或承包期5年以上，经营面积50亩以上；从事林果、花卉生产为主的，土地租期或承包期10年以上，经营面积30亩以上；从事蔬菜生产为主的，土地租期或承包期5年以上，经营面积20亩以上；从事畜牧养殖为主的，生猪年出栏500头以上，肉牛年出栏50头以上，奶牛年存栏20头以上，家畜混养年出栏200头以上；从事家禽养殖为主的，肉鸡或肉鸭年出笼5000羽以上，肉鹅出笼1500只以上，蛋禽年出笼2000羽以上，家禽混养年出笼5000羽以上；从事渔业生产为主的，水面租期或承包期5年以上，经营池塘面积10亩以上；其他从事种养结合等多种经营的，土地租期或承包期5年以上，年收入10万元以上。

（六）家庭农场经营的土地须取得合法有效的农村土地承包经营权或土地流转经营权证明资料，且权属无争议。

（七）家庭农场经营活动有必要的财务收支记录。

（八）管理方式先进，土地产出率、经济效益明显提升。家庭农场亩均经营效益比普通农户经营效益高出20%以上，对周边农户具有明显示范带动效应，产品基本实现订单生产和销售。

四、加大家庭农场的支持力度

符合家庭农场基本特征的各类农业经营主体，可到工商部门申领个体工商户或个人独资企业营业执照。各级农业部门要积极协调有关部门采取多种措施，扶持家庭农场健康发展。

（一）加大项目支持力度。除上级有明确要求外，允许家庭农场承担实施有关涉农项目，应优先安排在家庭农场实施，切实改善家庭农场的农业生产条件。

（二）强化土地流转服务。进一步完善土地流转服务体系，为家庭农场提供优质土地流转服务工作。充分发挥各级土地流转服务机构作用，为供需双方提供法律咨询、供需登记、信息发布、中介协调、签证指导、代理服务、纠纷调处等服务，为家庭农场流转土地搭建便捷的沟通和交易平台，积极有序地推进农村土地流转。

（三）支持开拓农产品销售市场。要主动为家庭农场经营主体提供市场及生产技术信息，帮助其降低风险，增加收益。鼓励和支持家庭农场与超市、物流配送中心、农产品加工企业建立销售网络，通过订单形式建立契约关系。积极组织家庭农场参与省内外的农产品展示展销活动，扩大优质农产品的市场影响力。

（四）优先技能培训。在同等条件下，优先安排家庭农场相关人员参加各类技能培训。指导家庭农场应用良种、良法，推广标准化栽培技术和测土配方施肥，提高农作物病虫害防治及安全生产的能力和水平，推动农业科技进步和创新。对规模较大的家庭农场，农业技术部门应实行对口帮扶，帮助其做大、做强。

五、切实强化组织保障

（一）建立组织，加强领导。各级农业部门要切实加强组织领导，把发展家庭农场作为创新农业经营体制机制的重要措施。主要领导亲自抓，分管领导具体抓，确定专人负责，完善工作机制，确保家庭农场发展工作扎实推进。要加强与工商、财政、税务、国土、水利、金融、保险等部门的合作与协作，密切配合，形成合力，共同推进家庭农场的培育发展。

（二）抓好典型，示范带动。要培养和树立家庭农场典型，发挥典型示范带动作用。适时开展示范家庭农场评定，促进家庭农场健康发展步伐。

（三）大力宣传，营造氛围。要充分利用各级农业信息网、农业简报等手段，总结工作经验，交流工作心得；要积极向电台、电视台、报纸等新闻媒体提供新闻线索，大力宣传本地家庭农场的好经验、好做法和先进典型，在全社会营造支持家庭农场发展的良好氛围。

二〇一三年八月二十六日

附录八:河南省安阳市人民政府办公室关于培育家庭农场促进现代农业发展的意见

安政办【2013】123号

各县(市、区)人民政府,市人民政府各部门及有关单位:

为认真贯彻《中共中央国务院关于加快发展现代农业进一步增强农村发展活力若干意见》(中发〔2013〕1号)文件精神,创新农业经营体制机制,加快家庭农场发展,促进现代农业建设,现结合我市实际,提出如下意见。

一、指导思想

以科学发展观为指导,围绕农业增效、农村发展、农民增收总目标,按照"政策引导、市场运作、规范管理、示范先行"的原则,结合当地农业总体规划培育发展家庭农场,努力创新经营机制,积极探索发展模式,加快推进农业产业转型升级,全面提升农业的规模化、专业化、集约化水平。

二、培育目标

到2013年底,全市培育建立家庭农场500家,其中示范家庭农场标兵、示范家庭农场分别达到10家和100家以上。以后每年新增家庭农场200家,力争到2015年,全市家庭农场总数突破1000家。

三、工作重点

(一)加强注册登记服务。坚持因地制宜、群众自愿的原则,积极鼓励具有一定规模和生产水平的种养大户,经乡(镇)政府对申报材料进行初审后,符合家庭农场条件的,推荐到所在地工商行政管理部门注册登记,并向县级农业部门备案。

(二)加强土地流转服务。创新土地流转方式,加快土地使用权向家庭农场流转。建立县、乡、村三级土地流转服务体系,完善县、乡土地流转服务中心和服务大厅建设,设立村级土地流转联络员,开展流转供求信息、合同指导、价格协调、纠纷调解等服务,引导土地依法、自愿、有偿、平稳向家庭农场流转。

（三）加强人才培养服务。通过定期开展培训、组织外出考察等方式，全方位提升家庭农场人员素质，不断开拓眼界，增强生产经营能力，着力培育一批有文化、善经营、会管理的新型农场主。鼓励引导大学生、外出务工农民、个体工商户、农村经纪人等投资创办家庭农场，切实增强家庭农场发展后劲。

（四）加强农业科技服务。加强基层公益性农技推广机构与家庭农场的合作，建立家庭农场农技特派指导员制度，切实提高农技推广服务能力。指导家庭农场创建品牌，开展无公害农产品、绿色食品、有机农产品认证，发展标准化生产。支持和鼓励农业社会化服务组织为家庭农场提供种子种苗供应、农资供应、农机作业、统防统治、农产品物流配送、农产品检测等服务。

（五）加强农业营销服务。积极支持家庭农场采取产销对接、产品展销展示等方式，与超市、农产品批发市场、企业、学校、餐饮集团等对接，发展现代营销。指导家庭农场与农业产业化龙头企业、农民专业合作社探索建立长期稳定的利益共享、风险共担的农产品产销衔接机制和订单履约机制，鼓励龙头企业与家庭农场采取保底收购、股份合作、利润返还等多种形式，建立紧密利益联结机制，组建农业联合体。

四、工作措施

（一）加强组织领导。各级各有关部门要把发展家庭农场摆在经济社会发展的突出位置，认真谋划，科学部署，落实措施，创新方法，强力推进。市政府成立由主管副市长任组长的安阳市培育家庭农场工作领导小组，领导小组下设办公室，办公室设在市农业局，具体负责日常工作。各县（市、区）也要成立相应组织，对本地家庭农场工作进行指导。

（二）开展典型示范。探索家庭农场发展模式，建立和完善家庭农场培育机制，坚持“试点先行、示范带动”的原则，在全市开展标兵、示范家庭农场创建活动，每年评选10个示范家庭农场标兵，评选100个示范家庭农场，对示范带动作用显著的家庭农场予以奖励。

（三）强化项目支撑。除上级有明确要求外，允许家庭农场承担实施农田基础设施建设、现代农业发展和农业产业化项目。农业综合开发、国家扶贫、新农村建设、农田水利建设、土地整治优先安排在家庭农场实施，切实改善家庭农场的农业生产条件。支持符合条件的家庭农场承担和实施农业产业化集群、高标准粮田、高产创建等农业项目。

（四）落实土地政策。认真贯彻国土资源部、农业部《关于完善设施农用地管理有关问题的通知》(国土资发〔2010〕255 号)精神,落实生产设施用地和附属设施用地政策,优先保障家庭农场生产设施用地及附属设施用地。家庭农场经县级城乡规划、国土、住建等部门许可,可以使用集体建设用地、未利用土地建设农产品仓库、晾晒场、农机具仓库等生产经营用途的临时建筑物。

(五) 强化部门协调。各县(市、区)要切实加强对家庭农场的培育、指导和服务,制订发展计划,完善服务措施,抓好扶持政策落实的督促检查。农业、林业、畜牧、工商、财政、税务、国土、水利、金融等部门要各司其职,加强合作,密切配合,形成合力,共同推进家庭农场的培育发展。

二〇一三年七月二十二日

国家、省关于家庭农场的部分扶持政策汇编

1. 国务院《关于进一步深化粮食流通体制改革的意见》(国发〔2004〕17号)

2. 国务院《关于完善退耕还林政策的通知》(国发〔2007〕25号)

3. 国务院办公厅《关于进一步扶持生猪生产稳定市场供应的通知》(国办发明电〔2007〕53号)

4. 财政部办公厅、农业部办公厅《关于颁发〈口蹄疫防治经费管理若干规定〉的通知》(财办农〔2001〕77号)

5. 财政部、农业部《关于印发〈高致病性禽流感防治经费管理暂行办法〉的通知》(财农〔2004〕5号)

6. 财政部《关于印发〈农业科技推广示范项目资金管理办法〉的通知》(财农〔2004〕81号)

7. 财政部《关于印发〈中央财政农民专业合作组织发展资金管理暂行办法〉的通知》(财农〔2004〕87号)

8. 财政部、农业部《关于印发〈测土配方施肥试点补贴资金管理暂行办法〉的通知》(财农〔2005〕101号)

9. 财政部、水利部《关于印发〈节水灌溉贷款中央财政贴息资金管理暂行办法〉的通知》(财农〔2005〕279号)

10. 财政部、农业部《关于印发〈中央财政农作物病虫害防治补助资金管理暂行办法〉的通知》(财农〔2006〕287号)

11. 中华全国供销合作总社《关于贯彻实施〈中华人民共和国农民专业合作社法〉的指导意见》(供销合字〔2006〕62号)

12. 财政部、国家林业局《关于印发〈中央财政森林生态效益补偿资金管理办法〉的通知》(财农〔2007〕7号)

13. 财政部《关于印发能繁母猪补贴资金管理暂行办法的通知》(财农〔2007〕160号)

14. 农业部办公厅、国家发展和改革委员会办公厅《关于印发〈全国农村

沼气服务体系建设方案〉的通知》(农计发〔2007〕7 号)

15. 农业部办公厅、国家发展和改革委员会办公厅《关于印发〈养殖小区和联户沼气工程试点项目建设方案〉的通知》(农办计〔2007〕37 号)

16. 财政部、国家税务总局《关于农民专业合作社有关税收政策的通知》(财税〔2008〕81 号)

17. 国家税务总局《关于林木销售和管护征收流转税问题的通知》(国税函〔2008〕212 号)

18. 财政部、国家税务总局发布的《享受企业所得税优惠政策的农产品初加工范围(试行)》(财税〔2008〕149 号)

19. 财政部《关于印发〈中央财政种植业保险保费补贴管理办法〉的通知》(财金〔2008〕26 号)

20. 国家发展和改革委员会办公厅、农业部办公厅《关于抓紧申报 2009 年农村沼气建设项目的通知》(发改办农经〔2008〕2519 号)

21. 国家发展和改革委员会办公厅、农业部办公厅《关于申报生猪标准化规模养殖场(小区)、生猪扩繁场和种鸡场建设项目投资计划的通知》(发改办农经〔2008〕524 号)

22. 财政部《关于 2008 年中央财政对产粮(油)大县奖励办法的通知》(财建〔2008〕354 号)

23. 国家农业综合开发办公室《关于 2009 年农业综合开发产业化经营项目实行财政补贴的指导意见》(国农办〔2008〕208 号)

24. 财政部《关于印发〈农业综合开发中央财政贴息资金管理办法〉的通知》(财发〔2008〕62 号)

25. 财政部、水利部《关于印发〈中央财政小型农田水利建设和国家水土保持重点建设工程补助专项资金管理办法〉的通知》(财农〔2009〕335 号)

26. 财政部《中央财政现代农业生产发展资金使用管理办法》(财农〔2009〕342 号)

27. 财政部、农业部印发的《中央财政农作物良种补贴资金管理办法》(财农〔2009〕440 号)

28. 国家发展和改革委员会、财政部、农业部、国家粮食局、中国农业发展银行《关于提高 2010 年稻谷最低收购价格的通知》(发改电〔2010〕115 号)

29. 中国农业发展银行《关于提高 2010 年小麦最低收购价格的通知》(发

改电〔2009〕272 号）

30. 财政部、国家发展和改革委员会、监察部、交通运输部、农业部、审计署、国家林业局《关于成品油价格和税费改革后进一步完善种粮农民部分困难群体和公益性行业补贴机制的通知》（财建〔2009〕1 号）

31. 财政部、国家发展和改革委员会、农业部《关于进一步完善农资综合补贴动态调整机制的实施意见》（财建〔2009〕492 号）

32. 交通运输部、国家发展和改革委员会《关于进一步完善和落实鲜活农产品运输绿色通道政策的通知》（交公路发〔2009〕784 号）

33. 农业部办公厅、财政部办公厅《关于印发〈2010 年全国测土配方施肥补贴项目实施指导意见〉的通知》（农办财〔2010〕47 号）

34. 农业部《关于印发〈2010 年国家动物疫病强制免疫计划〉的通知》（农医发〔2010〕1 号）

35. 农业部办公厅《关于报送 2010 年重大动物疫病强制免疫疫苗经费申请报告的通知》（农医发〔2010〕4 号）